JN269102

新世紀の経営学

佐久間 信夫 編著

学 文 社

執筆者

芦澤　成光　玉川大学助教授　（第3部）
大平　義隆　新潟経営大学助教授　（第2部）
＊佐久間信夫　創価大学教授　（第4部）
白坂　亨　大東文化大学助教授　（第1部）
三浦　庸男　七尾短期大学教授　（第5部）

（＊は編者）

はしがき

　経営学が誕生してほぼ100年が経過した．アメリカとドイツに生まれた経営学は今日世界各国で研究が進められ，理論研究において高度な発展を遂げただけでなく，経営教育も広範に行われ，大きな成果をあげている．20世紀は経営学の生成と発展の世紀であったということができるかもしれない．

　この100年間はまた，科学技術と生産技術の著しい進歩の100年でもあった．レコードや映画などの発明とその人々の生活への浸透は，我々の文化や芸術世界まですっかり変えてしまった．しかし，CDの登場によるLPレコードの生産中止がレコード針の製造会社を廃業させたように，また大型テレビの普及が多くの映画館を廃業させたように，この100年の間に新しい製品とそれを製造する企業が続々に登場し，我々の生活を様変りさせ，そして一部消え去っていった．

　企業における生産活動を研究対象とする経営学は，企業現場における生産活動の飛躍的進歩・拡大と変化に即応しても進歩，発展を遂げた．

　それは具体的には，大規模工場における生産能率の増進を目的とした科学的管理法，人間の集団行動における心理的な側面に着眼する人間関係論や意思決定論などとして結実し，経営実態における変化に即しながら膨大な研究が積み重ねられてきた．

　また，企業組織の急速な拡大により事業部制組織やマトリックス組織，SBU組織などの組織形態が次々に考案され，さらに企業組織の国際的拡大は巨大な多国籍企業の出現をもたらした．このような企業組織の発展と共にこれらを研究対象とする新たな経営学の研究領域も次々に誕生することになった．アメリカを中心とする実践的な経営学研究においては，経営実態と学問研究が相互に刺激し合いながら相即的な発展を遂げてきた．

　さらに，企業規模の巨大化にともない，企業の社会に与える影響は甚大とな

り，企業と社会の関係にさまざまな軋轢が生じ始める事になったが，これも新たな経営学の研究対象となった．経営戦略論，コーポレート・ガバナンス論，企業倫理などがそれである．企業と社会の問題は，企業が社会の創造物であり，社会の利益を損なう企業は社会によってその存続が認められないものであることを改めて我々に認識させることになった．

経営学は企業の内部活動を研究の中心に据え，広義の生産活動の合理化（効率化）と民主化をその目的としてきたのであるが，社会による企業の民主的統治もまた経営学研究の領域に加えられることになったのである．

100年前，ミッドベール製鋼所での能率増進運動に青春の日々を費したテイラーは，溶接ロボットが閃光を放つ今日の自動車工場や，サイバービジネスの世界を夢想だにすることがなかったであろう．我々もまた100年後の企業現場を想像することは困難である．IT技術や生命科学の顕著な発展はおそらく20年後の企業現場とそれを研究対象とする経営学の内実をすっかり変えてしまうかも知れない．インターネットの高度利用や国際的産業再編成によるグローバル企業の出現は人々の暮らしそのものをすっかり変えてしまうであろう．

しかし，新しい世紀においても生産能率の向上による人々の福祉の向上と生産活動の民主化，および企業に対する社会の民主的統治という経営学の究極的な目的は変わることがないであろう．

―文学の池を見下ろす初夏の研究室にて―

2000年6月　　　　　　　　　　　　　　　　　　　　　　編　者

目　次

第 1 部　企業形態と株式会社の発展

第 1 章　企業形態の展開 …………………………………… 2
　第 1 節　「会社」の概念 …………………………………… 2
　第 2 節　合名会社・合資会社・有限会社・株式会社 …………… 3
　第 3 節　企業結合の形態 …………………………………… 7

第 2 章　株式会社の機関構造と経営者 …………………… 12
　第 1 節　株主総会 ………………………………………… 13
　第 2 節　取締役（会）・代表取締役 ……………………… 14
　第 3 節　監査役 …………………………………………… 16

第 3 章　巨大株式会社の所有と支配 ……………………… 20
　第 1 節　経営者支配と所有者（金融）支配 ……………… 20
　第 2 節　アメリカにおける株式会社支配論 ……………… 20
　第 3 節　日本における株式会社の所有構造 ……………… 28
　第 4 節　企業集団と企業支配 …………………………… 33
　第 5 節　メインバンクと企業支配 ……………………… 34

第 2 部　企業の組織と管理

第 4 章　分業と組織構造の展開 …………………………… 38
　第 1 節　企業規模の拡大と分業 ………………………… 38

第2節　分業とはなにか …………………………………… 38
　　第3節　組織構造の拡大 …………………………………… 41
　　第4節　経営管理 …………………………………………… 45

第5章　経営管理論の展開 ………………………………… 49
　　第1節　経営管理の研究の関心 …………………………… 49
　　第2節　仕事の管理 ………………………………………… 49
　　第3節　人間行動の管理 …………………………………… 57
　　第4節　自律性の管理 ……………………………………… 64
　　第5節　新世紀への流れ …………………………………… 69

第6章　大規模企業の構造変化 …………………………… 71
　　第1節　自律性を求める流れ ……………………………… 71
　　第2節　機能別部門組織から事業部制組織へ …………… 71
　　第3節　動態的組織構造 …………………………………… 73
　　第4節　わが国におけるカンパニー制・分社化の時代 …… 77

第3部　企業行動と経営戦略

第7章　企業と経営戦略 …………………………………… 88
　　第1節　企業の行動パターンの存在 ……………………… 88
　　第2節　企業行動パターンと経営者の意思決定 ………… 91
　　第3節　経営戦略のプロセス ……………………………… 93

第8章　経営戦略の諸概念 ………………………………… 100
　　第1節　諸学派の存在 ……………………………………… 100
　　第2節　アンゾフの戦略概念 ……………………………… 101

第3節　ボストン・コンサルティング・グループ（BCG）の戦略概念 …102
　第4節　ポーター（M. E. Porter）の戦略概念 ………………………107
　第5節　学習学派の戦略概念 ……………………………………………108
　第6節　資源ベース視点（Resource Based Perspective）の戦略概念 …110
　第7節　形成学派の戦略概念 ……………………………………………113

第9章　経営戦略のフレームワーク …………………………………117
　第1節　経営戦略の階層と機能 …………………………………………117
　第2節　事業領域（ドメイン）の決定 …………………………………120
　第3節　ドメイン決定の諸次元 …………………………………………121
　第4節　経営戦略の基本的形態 …………………………………………123
　第5節　経営資源の蓄積と企業競争力の形成 …………………………128

第4部　経営の国際化と多国籍企業

第10章　経営の国際化と多国籍企業 …………………………………132
　第1節　多国籍企業の定義 ………………………………………………132
　第2節　ロビンソンの多国籍企業発展モデル …………………………137
　第3節　バーノンの多国籍企業発展モデル ……………………………140

第11章　多国籍企業組織の発展 ………………………………………145
　第1節　国内企業組織と多国籍企業組織 ………………………………145
　第2節　事業部制組織構造への発展過程 ………………………………147
　第3節　グローバル組織構造への発展過程 ……………………………155
　第4節　多国籍企業のマトリックス組織構造 …………………………159
　第5節　多国籍企業における本社と子会社の関係 ……………………165

第 12 章　経営の現地化と国際戦略提携 ……………………168
　第 1 節　経営の現地化 ……………………………………168
　第 2 節　国際戦略提携 ……………………………………174

第 5 部　日本的経営論

第 13 章　日本的経営の変革と展望 …………………………180
　第 1 節　日本的経営の特徴 ………………………………180
　第 2 節　日本的経営の課題 ………………………………190
　第 3 節　日本的経営の展望 ………………………………206

　索引 ……………………………………………………………209

第1部

企業形態と株式会社の発展

第1章　企業形態の展開

第1節　「会社」の概念

　会社とはいったいどういうものをさすのであろうか.
　わが国における会社とは, 商法に定められている3つの特徴を兼ね備えているものと考えられる. つまり, 会社とは, ①営利目的であること, ②人の集まりであること, ③法的人格をもつこと, という特徴をもっているとされている.
　第1, 第2の特徴については, 商法において「本法ニ於テ会社トハ商行為ヲ為スヲ業トスル目的ヲ以テ設立シタル社団ヲ謂フ」(商52条①)とされ, さらに「営利ヲ目的トスル社団ニシテ本編ノ規定ニヨリ設立シタルモノハ, 商行為ヲ為スヲ業トセザルモ, コレヲ会社ト看做ス」(商52条②)とされているからである. これは当初, 商行為を営むものに限定してこれを会社としていたが, 営利を目的としていれば商行為以外の事業を行なうものでも会社とするというものである. 少々わかりにくいいい回しであるが, ここには日本における「会社」組織の発生段階において「商社」と「会社」の2つの用語が使われ, 「会社」組織の規定においては営利性を基準にしてその対象範囲を広げようとした経緯からこのような二段がさねの表現になったと考えられる.[1] また, 社団というのは人の集まりを意味し, 定款, 社員, 機関を必要とする. さらに, 第3の特徴については「会社ハ之レヲ法人トス」(商54条①)としていることによっている. この規定により, 会社はその構成員とは別個の独立した存在として権利・義務をもつことになる.
　本章においてはまず, このような会社の概念の規定から, わが国における会社形態の発展の経緯を概観し, 各会社形態の差異を確認し, さらに企業結合・

企業集団・系列・持株会社の形成をみることによって，企業形態の展開過程を把握する．

第2節　合名会社・合資会社・有限会社・株式会社

2−1．会社の発生

　もともと，「会社」という言葉は，翻訳語であるが，古いところでは福沢諭吉が1866年に著した『西洋事情』の中で使用していることが知られている．ただ，その中での「会社」は営利を目的としたものと限定されているわけではなかった．実際に「会社」という名称がついた組織が設立されたのは1869年の通商会社および為替会社である．これらの組織は同年2月に設置された通商司によって組織されたもので，通商会社は内外商業の振興を図ることを目的とし，為替会社は通商会社の経営に必要な資金を融通し，民間金融を円滑にすることをその目的とした．この時点で「会社」は営利を目的としたものとなった．しかしながら「その営業はともに通商司の命令を仰いで万事行はれ，又同時に政府より特別の保護を受けたのであつて，全く半官半民の会社であつた」[2]ようである．

　次いで，1872年，アメリカのナショナル・バンク制度を範としてできた国立銀行条例[3]により，翌73年，東京に第一国立銀行が設立された．1876年，この国立銀行条例は改正され，設立にかかる規制が緩和されたため当初，5行であった国立銀行は1879年末には全国に149行を数えることとなる状況となり，いわば国立銀行設立ブームが起きた．

　この国立銀行が日本における最初の株式会社であるとされている．後述するが，株式会社の要件をほぼ充たしていたからである[4]．

　この国立銀行条例のように特定の会社に対して法律を制定し，それに基づいて設立された会社[5]，設立にあたり，免許を与えた会社[6]の他に民間の会社も設立されたが，これらは「明治26年迄は，会社に関する一般法令が未だ発布せられなかったため，人々は会社を設立するに当たりて拠るべき標準を欠き，従っ

て又会社の組織等は区々であった．従って後に発布せられたる会社法に於て株式会社・合資会社・合名会社と称する如く，明確なる組織を以て会社を設立することは稀有の事に属した[7]」ようである．

2-2. 商法の成立とその変遷

わが国において会社の規定を行なったのは，1890（明治23）年に制定された，いわゆる旧商法である．これにより合名会社，合資会社[8]および株式会社についての規定がなされた．この旧商法が実際に施行されたのは3年後の1893（明治26）年であるが，この旧商法は施行後，10年ももたず，いわゆる新商法が1899（明治32）年に制定される——この時点においては会社形態として，後述する合名，合資，株式会社に加えて株式合資会社が認められていた[9]——．これが現在の商法の基本となっている．

新商法において会社に関する部分，いわゆる会社法はその後しばしば改正された．戦前においても1911（明治44）年に一部改正が行なわれ，さらに1938（昭和13）年に大改正が行なわれ，この時に有限会社法も制定された．

戦後に入ると会社法は改正に改正を重ねる[10]．まず，1948（昭和23）年に改正が行なわれ，株式分割払込制度が廃止された．また株式会社制度を補完する制度として証券取引法も同年に制定された．ついで1950（昭和25）年，1955（昭和30）年，1962（昭和37）年，1966（昭和41）年，1974（昭和49）年，1981（昭和56）年，1990（平成2）年，1993（平成5）年，1994（平成6）年としばしば改正が行なわれた[11]．

これは資本主義経済の発展の速度が加速度的に速まっていることや，それに伴って社会状況の変動が激しく，会社の経営に大きく影響することに対応したものである．

2-3. 会社の種類

会社は，その形態別に4つに分類される．つまりは合名会社，合資会社，有

限会社，そして株式会社である．

　これら合名会社，合資会社，株式会社は商法の規定によるものであるが，有限会社は有限会社法によって規定されている．そのため，制度上は商法の規定による会社とは区別されるが，実質的にはほとんど差異はないといってよい．[12)] [13)]

　会社数でみると，1997年における会社総数は2,406,272社，うち合名会社は8,290社（構成比0.3％），合資会社は26,356社（同1.1％），株式会社は1,100,428社（同45.7％），有限会社は1,271,198社（同52.8％）となっている．[14)] しかし大規模会社（資本金1億円以上）34,028社に限ってみると，合名会社は19社（構成比0.0％），合資会社は11社（同0.0％），株式会社は32,796社（同96.4％），有限会社は1,202社（同3.5％）とその構成比を一変させる．この分布の偏りは何を意味するのか，その会社形態ごとに，1．社員の責任　2．社員の変動　3．持分の譲渡　4．業務執行　について，その特徴を明らかにしていく．

　合名会社においては，会社の財産をもってしても，会社の債務を完済することができない時は各社員が連帯してその弁済の責任をおう（商80条①）とされ，会社の債権者に対して社員全員が無限責任を負うこととなっている．

　社員の変動については，社員の氏名が定款の記載事項（商63条）となっているためにその変動については定款の変更が必要となるため，社員全員の同意を必要とする（商72条）こととなっている．会社成立後に新たに加入した社員についても加入前に生じた会社の債務についても，その責任をおう（商82条）こととなっており，その責任は重い．

　持分の譲渡については他の社員による承認がなければ，持分を他人に譲渡することはできない（商73条）とされ，厳しく規制されている．

　業務の執行にあたっては民法の規定が準用されるために過半数原則により決定する（民670条）こととなるが，執行に関しては定款に特別の定めがないのであれば，各社員は会社の業務を執行する権利及び業務をおう（商70条）こととになっている．

合資会社においては，社員の責任は社員によって異なる．つまり合資会社は有限責任社員と無限責任社員から組織されること（商146条）と定められているからである．そして無限責任社員の責任は合名会社に関する規定を準用する（商147条）ことで合名社員の無限責任社員と同様であるが，有限責任社員は出資額を限度として会社の債務を弁済する（商157条）こととされている．

社員の変動については，特に商法に定められていないため，前述の商法147条により合名会社の規定に準じて，総社員の同意を必要とする．

持分の譲渡については，無限責任社員の場合は合名会社の無限責任社員と同様だが，有限責任社員は無限責任社員全員の承諾を得られないと持分を他人に譲渡することはできない（商154条）とされている．

業務執行については，有限責任社員は会社の業務を執行したり会社を代表することはできない（商156条）とされており，無限責任社員が業務執行にあたる．

有限会社においては，社員の責任については特別な規定がないのであれば，その出資額を限度とすること（有17条）と定められており，社員全員が有限責任社員となる．

社員の変動については，社員の総数について例外が認められているものの，50人以上になることは許されないと社員数の上限が設けられている．

持分の譲渡については，社内において，社員が持分を譲渡することができる（有19条①）とされたものの，社員でない者，つまり社外に持分が流出することになる場合には社員総会の承認が必要とされていた．

業務執行について有限会社法は，1人以上の取締役（有25条）としている．しかし，取締役会の制度は定められておらず，一応特別な規定がないかぎり，[15]会社の業務執行は取締役の過半数の同意により決定する（有26条①）こととなっている．

株式会社においては社員，つまり株主の責任は所有する株式の引受価額を限度とする（商200条①）とし，社員全員が有限責任である．この有限責任制に

より社員は会社の債務に対して責任を負わないことになる．そのため，逆に債権者にとって債権の担保となるのは会社財産だけになる．そのために会社に一定の財産を保持し続けるように求める．

持分の譲渡については，特段の制限もなく譲渡することが可能（商204条）と譲渡の自由が認められている．

業務執行については，取締役会は会社の業務執行を決定し，また取締役の職務の執行を監督する（商260条①）として取締役が行なうことと定めているが，この取締役は株主総会において選任（商254条①）される．さらにこの株主総会の決議は発行済株式総数の過半数にあたる株式を有する株主が出席し，その議決権の過半数をもって，決議される（商239条①）ことを要求し，株主は所有する株式一株について一議決権をもつ（商241条）という1株1議決権の原則により決議が行なわれるという手順を踏む．

第3節　企業結合の形態

さて，単体の組織としての会社形態について，その特徴を把握してきたが，次に組織同士の関係，つまり，会社と会社との関係について，財閥，コンツェルン，企業グループ，系列，企業集団といった企業間関係ごとにその特徴を明らかにしていく．

ただし，予めことわっておきたいこととしてつぎのようなことがある．つまり，これらの用語は，きわめてジャーナリスティックに使用されることや，国際問題として海外からその存在が槍玉に挙がるときに，誤解による用語の使用がそのまま報道されることもあり，そのために用語の意義に錯綜が存在することである．

まず，財閥は戦前，戦時期に日本に存在した同族による閉鎖的な所有を基礎にした多角的事業経営体といえよう．つまり，江戸時代から富裕化した三井家や住友家，および維新後急成長した岩崎家，安田家といった富裕同族が明治時代に存在したのであるが，これらの同族が閉鎖的に所有・支配する同族企業が，

産業間にまたがる多角化を推進し，規模が大きくなるにつれ，頂点に同族が所有・支配する持株会社を据えて，その傘下に直系の会社，その下に関係・傍系会社を配置するといったピラミッド型の事業経営体を形成したのである．このような事業経営体を財閥の範疇の中でも特に総合財閥といい，三井，住友，三菱といった財閥がこれにあたるとされる．また歴史的経緯は同様でも規模や産業間にまたがる多角化の度合いの低いものが二流財閥と呼ばれ，古河，浅野といった財閥がこの範疇に入るとされる．

また，満州事変後の準戦時体制期から戦時中にかけて，多角化を進めた事業経営体が新興コンツェルン，もしくは新興財閥と呼ばれる．ここには日産，日窒，森，日曹，理研といった事業経営体がこの範疇に入る．しかし，この新興コンツェルン（財閥）の多角化の度合いには幅があるものの，総合財閥──二流財閥のような分類は一般にされていない．

ここで注意しなければならないことは，コンツェルンの意義である．つまり，多産業横断的に多角化することがコンツェルン化することなのか，という点である．特定の産業体系の中での多角化といくつかの産業間にまたがる多角化を同一に評価，もしくは産業体系内における多角化はその度合いが低いと考えてよいものだろうか．議論がなされたわりには確たる結論がでないままに用語の意義が錯綜したまま使用されている．

次に，系列という企業間関係についてであるが，この関係はもともと，戦時統制経済下，親会社──下請会社の関係において，その関係の専属化をめざす際に使われたようである．その時点においては垂直的な関係として使用されていた．現在は継続的かつ互恵的な取引を行なうことを重要視し，確立された構成メンバー企業から成り立つ集団ということができる．

しかし，1990年に日米構造会議の最終報告でKeiretsu Relationshipが槍玉に挙げられ，系列という企業間関係を意味する用語が脚光を集め，「政府としては，その関係を開放的かつ透明なものとするよう努めることとし，その目的に向けて所要の措置を講ずる」として発表したことで議論が混乱した．日本に

おいては一般的に系列を巨大株式会社と傘下企業の関係としてみることが多く，この系列関係の問題に6大企業集団が含まれていたことに違和感を感じたためである．6大企業集団は垂直的な系列ではないという認識から，アメリカは事実誤認に基づいて系列関係を槍玉としてあげているという議論が当然のことながら起きた．

しかし，この議論については日本側に大きな問題，つまり，6大企業集団は本当に水平な関係なのかという問題[18]が存在する．

最後に企業集団である．ここでは6大企業集団（三井，三菱，住友，芙蓉，三和，一勧）に限定してその特徴をあげれば，

1 企業間に広範な株式持合い構造が存在する．
2 持合い構造の中心に都市銀行が存在し，メンバー企業の財務的信用を形成している．
3 メンバー企業の社長・会長からなる社長会が結成されている．
4 ワンセット主義と呼ばれるように各産業に進出している．

というような特徴をもっている．戦前の財閥を母体としている企業集団（三井，三菱，住友）もあるが，頂点にあった持株会社が存在しないため，社長会構成メンバー企業間は水平的な関係であるとの説が多いが，ガバナンス問題について活発な議論がなされる昨今，皮肉にもメインバンクの果たしてきた機能が脚光を浴びたことを考えると，水平的な関係とはいえないと考えられる．

しかしながら，「失われた10年」といわれるバブル崩壊後の日本経済において，都市銀行の経営も危機に瀕し，さくら銀行と住友銀行の合併，日本興業銀行，富士銀行，第一勧業銀行の経営統合，三和銀行，あさひ銀行，東海銀行の経営統合が発表され，6大企業集団体制も終焉を迎えるにいたった．6大企業集団所属都市銀行が経営統合，合併をする以上，企業集団が6つ存在することはありえないからである．その他の信託，損保，生保といった業種においては都市銀行の組み合わせにしたがった動きをみせているものの，産業会社がこれからどういう動きをするのか，企業集団から距離をとって都市銀行離れとなっ

て行くのか，それとも都市銀行の組み合わせ通りの経営統合もしくは合併をしていくのか，成り行きを見届けなければならない．

注）
1) この「商社」から「会社」への変遷については，馬場宏二「会社と社員」『日本企業の建前と実態』大東文化大学経営研究所，1998年を参照のこと．
2) 菅野和太郎『日本会社企業発生史の研究』経済評論社，1966年，p.124.
3) National を「国立」と誤訳したためこのような名称となった．
4) 株式会社機関の設置，有限責任制，株式の売買を認める，等の規定が設けられていた．
5) 国立銀行条例の他に，株式取引所条例，米穀相場会社創立準則，米商会所条例，日本銀行条例，横浜銀行条例等がある．
6) 内国通運会社，東京海上保険会社，明治生命保険会社，東京火災保険会社，日本鉄道会社，日本郵船会社等はこれにあたる．
7) 菅野和太郎『日本会社企業発生史の研究』経済評論社，1966年，p.375.
8) 旧商法においては，「社員ノ一人又ハ数人ニ対シテ契約上別段ノ定ナキトキハ社員ノ責任カ金銭又ハ有価物ヲ以テスル出資ノミニ限ルモノヲ合資会社ト為ス」（旧商法136条①）とされており，社員全員の責任は有限責任であるとされている．このことから，新商法における合資会社とは異なる．
9) この株式合資会社形態は，1950年の改正でその条文が削除され，存立できなくなった．
10) 1937年に始まる戦時経済体制下においては，1938（昭和13）年の改正以降，商法の改正は行なわれなかったが，1937（昭和12）年の臨時資金調整法，1940（昭和15）年の会社経理統制令，1941（昭和16）年の企業許可令等により，会社法の規定はほとんど機能せず，国の管理・統制の下におかれた．
11) 1950（昭和25）年改正―授権資本制度の導入，無額面株式制度が採用され，取締役会の制度を新設，その権限を拡大，責任を厳格化．
1955（昭和30）年改正―新株引受権についての改正．
1962（昭和37）年改正―会社の計算に関する規定の改正．
1966（昭和41）年改正―株式の譲渡制限，記名株式の裏書き廃止，第三者に対する新株発行手続きなどの規定の改正．
1974（昭和49）年改正―監査制度，中間配当，有償無償抱き合わせ増資，休眠会社の整理などの規定の改正．
1981（昭和56）年改正―株式，株主総会，取締役，監査，計算，公開に関わる改正．

1990（平成2）年改正—最低資本金制度の導入や，1人会社の設立，株式分割の合理化，優先株の発行の容易化，社債発行限度枠の拡大等．
1993（平成5）年改正—監査，株主代表訴訟，社債発行限度についての規定が改正，廃止．1994（平成6）年改正—自己株式に関する規定の改正．

12) 商法第53条は，「会社ハ合名会社，合資会社及株式会社の三種トス」としている．

13) 有限会社法89条は，「有限会社ハ商法ヲ除ク外他ノ適用ニ付テハ之ヲ商法ノ会社ト看做ス」としている．

14) 農商務省『農商務統計表』1896年版に拠れば，1896（明治29）年における合名会社は345社（構成比7.5％），合資会社は1,668社（同36.3％），株式会社は2,583社（同56.2％）となっており，会社総数は4,596社にすぎなかった．ただし，注8において記しているように，現在の合資会社と旧商法下の1896年における合資会社は別物とみるべきである．

15) 一応と限定したのは取締役会が必置機関ではないために，取締役会での決議が必ずしも必要ではないため．

16) たとえば，柴垣和夫『日本金融資本分析』（東京大学出版会，1965年）と森川英正『財閥の経営史的研究』（東洋経済新報社，1980年）は財閥の用語の使用について対立する認識に立っている．

17) この時期の専属化は産業会社—金融機関の関係においても行なわれ，戦後におけるメインバンクシステムの構築の際に大きく影響を及ぼした．ただし，戦時中は産業会社の資金繰りを容易にするための関係であったが，戦後のメインバンク・システムの形成においては，金融機関であるメインバンクが相対的に優位な立場で関係ができることとなった．

18) 下谷政弘氏は，他に「アメリカ側のいう『ケイレツ』とは必ずしも日本語の『系列』と同じものである必要はない」ことと，「50,60年代の論者たちが『企業集団』のことを当時『系列』としたことは完全な誤りであったのかどうか」（下谷政弘『日本の系列と企業グループ』有斐閣，1993年，p.231）という点を問題としている．

第2章　株式会社の機関構造と経営者

　投資家が株式会社に出資すると，出資者は株主となり同時に社員となる．株式会社は株主にさまざまな権利を付与する．この権利は大きく分けて2つの権利に分けられる．つまり，自益権と共益権である．

　この自益権とは株主が会社から経済的な利益を受ける権利で，利益配当請求権（商290条），残余財産分配請求権（商425条）等がある．

　また，共益権とは会社の経営に参加し，業務執行の監督・是正する権利で，1株でも所有していれば行使できる権利として，議決権（商241条）の他，株主総会決議取消しの訴え提起権（商247条），代表訴訟提起権（商267条，196条，280条①），取締役等の違法行為差止請求権（商272条，430条②）等がある．一方，発行済株式総数の一定割合，もしくは一定数を所有していないと認められない権利もあり，これには株主提案権（商232②，430条②），株主総会招集権（商237条①，②），取締役等の解任請求権（商257条③，280条①，426条②），帳簿閲覧権（商293条の6），解散請求権（商406条の2）等がある[1]．

　このような権利をもつ株主の所有に基づいて，株式会社は法人として営利追求をその目的として活動するわけであるが，法人自体は無形の存在であるため，法人を代表したり，法人の意思決定をなす組織上の存在を機関という．

　株式会社において，機関とは商法においては株主総会（商法第3節第1款）であり，取締役及び取締役会（商法第3節第2款）であり，監査役（会）（商法第3節第3款，商法特例法第18条の2,3）である[2]．

　この機関の関係は，まず，株主は定時または臨時に総会，つまり株主総会を開き，基本的な意思決定を行なうが，この総会だけでは会社の経営はできず，専門の経営者に経営を任せる．

　そのため，株主総会は取締役を選任し，その取締役で構成される取締役会に

おいて業務の執行に関する意思決定がなされる．また取締役会で代表取締役を選任し，業務執行を行ない，会社の代表とする．

また，株主総会はそれ自体が取締役の解任権や決算の承認権などをもつことによって取締役を監督するが，他に監査役を選任し，取締役の監査にあたらせるのである．

以下，株式会社は株主のものであるという立場にたち，その上で経営者の行動をいかなる仕組みによって健全かつ効率的なものとさせるのかという視点で会社の機関について考察を行なう．[3]

第1節 株主総会

株主総会の権限は，総会は商法および定款に定められている事項に限って決議することができる（1950（昭和25）年改正時の商法230条の2，現行商法230条の10）とされる．[4]

これは，たとえば定款の変更（商342条①），資本減少（商375条），解散（商404条），合併（商408条①）といった会社の存立基盤に関わる事項や株主の利益に関する事項，たとえば利益の資本組入れ（商293条の2）といったこと，さらに取締役の選任（商254条①），解任（商257条①，②）といった事項，計算に関わる事柄，つまり，計算書類の報告・承認（商283条①）といった商法に定められた事項については株主総会の決議を必要とし，さらに定款に定めてあれば，これ以外の事項についても株主総会で決議される．

そして，この株主総会の招集は取締役会が決定する（商231条）が，前述の条件をみたした少数株主は株主提案権（商232条の2）を行使することができる．

株主総会において議決権は前述したように基本的に「各株主ハ一株ニ付一個ノ議決権ヲ有ス」（商241条①）とされ，決議については，「総会ノ決議ハ本法又ハ定款ニ別段ノ定アル場合ヲ除ク外発行済株式ノ総数ノ過半数ニ当ル株式ヲ有スル株主出席シ，其ノ議決権ノ過半数ヲ以テ之ヲ為ス」（商239条①）として

いる。この場合「本法又ハ定款ニ別段ノ定アル場合ヲ除ク外」とは、たとえば、取締役の解任（商257条①，②），定款の変更（商343条），資本減少（商375条①），株式の併合（商375条①），合併（商408条③）等で，これらは発行済株式総数の過半数を所有する株主が出席し，その出席株主の議決権の3分の2以上に当たる多数をもって決議される（商343条）。

　このような仕組みをもった株主総会ではあるが，「形骸化」との指摘を免れない状況にある。これは零細株主の経営に対する無関心，法人株主の増大および相互所有に基づく総会決議のコントロールに加え，いわゆる総会屋（この場合は与党総会屋）の存在，社員株主の総会出席等により，株主総会はいわゆる「異議なし総会」となり，有意義な議論がなされることは皆無に近い状況になっている。

第2節　取締役（会）・代表取締役

　取締役の選任は株主総会において選任する（商254条①）もので，3人以上の取締役がいる必要がある（商255条）ものとされている。また，取締役の任期は2年を超えてはいけない（商256条①）とされているが，前述のとおり，株主総会で決議されれば解任されることもあるし，会社と取締役との関係は委任規定に従う（商254条③）ものとされているため，みずからの意思でいつでも辞任することは可能である。

　このようにして選任された取締役全員によって組織されたものが取締役会で，この取締役会は前述のように「会社ノ業務執行ヲ決シ取締役ノ職務ノ執行ヲ監督ス」（商260条①）ものとされた。

　この業務執行の決定の中で，重要な財産の処分および譲受（商260条①1），多額の借財（商260条①2），支配人その他の重要な使用人の選任および解任（商260条①3），支店その他の重要な組織の設置，変更および廃止（商260条①4）は取締役会の決議が必要な事項と定められており，さらに，各条文において定められている取締役会決議事項には，以下の事項，つまり，

- 額面株式・無額面株式間の転換（商 213 条①）
- 株式分割（商 218 条①）
- 総会招集（商 231 条）
- 代表取締役の選任（商 261 条①）
- 取締役の競合取引の承認（商 264 条①）
- 取締役・会社間の取引の承認（商 265 条①）
- 新株の発行（商 280 条の 2 ①）
- 計算書類の・付属明細書の承認（商 281 条①）
- 法定準備金の資本組入れ（商 293 条の 3）
- 中間配当（商 293 条の 5 ①）
- 社債の発行（商 296 条）
- 転換社債の発行（商 341 条の 2 ②）
- 新株引受権付社債の発行（商 341 条の 8 ②）

等がある．

ただ，取締役会は常時開催されているものではなく，そのほかの業務執行をするのは代表取締役であり，取締役会については取締役が3ヶ月に1度以上，業務執行の状況を取締役会に報告しなければならない（商 260 条 3）ことから，取締役会は代表取締役の執行を監督することになる．

この代表取締役は会社が取締役会の決議をもって会社を代表すべき取締役を（商 261 条①）とされ，取締役会が業務執行の意思決定をした後，対外的に会社を代表し，業務執行を行なう会社機関をいう．

代表取締役のもつ代表権については「第 39 条第 2 項，第 78 条及び第 258 条の規定は代表取締役にこれを準用する」（商 261 条①）としている．これは受動代理および，代表権の範囲・法人の不法行為能力，欠員の処置についての規定で，とりわけ，78 条 1 項の規定に拠れば，会社を代表すべき社員は会社の営業に関する一切の裁判所，または裁判所外の行為をなす権限を持つとされている．

取締役と会社との関係には前述のとおり、「会社と取締役トノ間ノ関係ハ委任ニ関スル規定ニ従フ」（商254条③）ものとされている。そのため取締役は法令及び定款の定め、並びに総会の決議を遵守して会社のために忠実にその職務を遂行する業務、いわゆる忠実業務をおう（商254条の3）ことを要求され、そのため前述した競業避止義務（商264条）に加え、利益相反取引の制限（商265条）や取締役の報酬の制限（商269条）が加えられることとなっている。

これらのことにより代表取締役は業務執行を効率的に行なわせるために設けられた機関であり、代表取締役は取締役会の下部組織として位置づけられる。

しかし、実際問題として、代表取締役にはその会社の社長が就任し、部長が取締役となっている会社がきわめて多い。すると、この法的な規定は有名無実化する。

つまり、たとえば、取締役営業部長や取締役総務部長などからなる取締役会は代表取締役社長に対し、その執行業務について監督することはできないのである。

また、取締役の責任について、本来なら取締役が会社に対して為したことで会社に損害を与え、会社が取締役に対して損害賠償請求を提起しない場合、株主が会社に代わって損害賠償請求権を行使する場合がある。この訴訟を代表訴訟という。

つまり、6ヶ月前よりひき続いて株式を所有する株主は会社に対して書面にて取締役の責任を追求する訴訟提起を請求することができる（商267条①）とされており、さらに、1993（平成5）年の商法改正により、代表訴訟は財産権上の請求ではないとの認識から8,200円という手数料で訴訟提起が可能となった。

第3節　監査役

監査役については1950（昭和25）年以降、その任務は大きくなる一方となっている。というのも、1950（昭和25）年改正によって監査役の任務はもっぱ

ら会計監査に限られていた。が、取締役会の監督機能が果たされないことや証券取引法との調整により、1974（昭和49）年の改正、同年の「株式会社の監査等に関する商法の特例に関する法律」が成立した。商法、商法特例法はその後、さらに1981（昭和56）年と1993（平成5）年にそれぞれ改正され、監査役の権限の強化や大会社における3人以上かつ常勤監査役のうち1人以上の社外監査役、監査役会の設立が図られた。そして、これまでみてきた他の株式会社の機関とは異なり、規模によって監査業務の範囲が異なるのである。

つまり、商法特例法によって、株式会社の規模—資本金5億円以上、または負債額200億円以上の大会社、資本金1億円を超え5億円未満の中会社、資本金1億円以下の小会社——によって監査の範囲・程度が異なるのである。大会社においては監査役の業務・会計監査に加え、会計監査人による会計監査がなされ、中会社においては監査役による業務・会計監査、小会社においては監査役による会計監査が行なわれている。

監査役はその規定が取締役の規定を準用することが多く、つまり、「第254条、第254条の2、第256条の2、第257条、第258条、第266条第5項、第266条ノ3第1項及び第267条ないし第268条ノ3の規定は監査役にこれらの規定を準用する」（商280条①）とされ、そのために監査役の選任・会社との関係、選任決議の定足数、解任、欠員の場合の処置、責任の免除、第三者に対する責任、代表訴訟の規定が取締役の規定に準じたものとなる。

そのために監査役の選任は、株主総会で選任され、会社と委任関係にたつ。そして、以下の業務監査権限が与えられているが、義務でもあり、その責任を問われることになる。

- 総会決議取消の訴え提起（商247条）
- 取締役会への出席権・招集請求権（260条の3）
- 調査権（商274条②）
- 子会社調査権（商274条の3）
- 株主総会に提出する議案・書類の調査及び報告する義務（商275条）

- 取締役の行為の差止請求（商275条の2）
- 会社と取締役間の訴えの代表（商275条の4）
- 監査費用の請求権（商279条の2）
- 新株発行無効の訴え提起（商280条の15）
- 資本減少無効の訴え提起（商380条）
- 合併無効の訴え提起（商415条）
- 設立無効の訴え提起（商428条）

このように監査役には会計監査についての権限に加え，(小会社を除いて)「監査役は取締役の職務の執行を監査する」（商274条①）とされ，文言どおりに解釈すれば監査役は取締役の上位に位置づけられることとなる．すると取締役会との関係が問題となるのであるが，一般的には業務監査を適法性監査と妥当性監査との2つに分け，取締役会は会計監査，適法性監査，妥当性監査全てを担うが，監査役はそのうち会計監査に加えて適法性監査のみに権限が及ぶと理解されている．

また，前述したように，大会社においては3人以上の常勤監査役，会計監査人，監査役会の設置が求められている．

常勤監査役はこれまでの監査役という役職が，社内の従業員のキャリア・アップのルートの中に組み込まれ，業務を執行する経営陣に対して有効に機能しなかったことから要請されたもので，さらに1人以上は社内経験のない，もしくは5年以上の待機期間を経た社外監査役が求められている．また，会計監査人とは，会社の外部に存在し，会計監査を主として担う公認会計士もしくは監査法人で，監査役との関係においては会計監査人が主導的立場を取るものと理解されている．さらに，監査役会の設置が大会社においては求められている．この監査役会は監査役全員によって組織され，取締役会に対する発言力の強化が期待されている．

このように監査役に対する権限の強化がなされるということは，半面ではそれだけの監査の難しさ，有効性に対する疑問など，コーポレート・ガバナンス

の問題として重要性を帯びた存在であるということができる．

注）
1）株主提案権は 300 株，株主総会招集権および取締役等の解任請求権，帳簿閲覧権は発行済株式総数の 100 分の 3，解散請求権は同 10 分の 1 以上の所有が必要．
2）1950（昭和 25）年の商法改正までは取締役会，監査役会が存在せず，会社の機関としては株主総会，取締役，監査役が規定されていた．1950（昭和 25）年の商法改正によって，取締役全員による取締役会が創設され，さらに代表取締役が新たに設けられた．監査役会は 1974（昭和 49）年の商法改正により新設され，監査役会が設けられたのは 1993（平成 5）年の商法特例法の改正による．
3）この問題が，いわゆるコーポレート・ガバナンス問題として議論されている点である．これにはいわゆる「失われた 10 年」において多発，もしくは顕在化した株式会社の不祥事，来るべき「大競争」時代に向けての対応の必要性等が背景となって活発化した議論であり，学会のみならず，政財界においても活発に議論が提起された．たとえば，自由民主党によって「コーポレート・ガバナンスに関する商法等改正試案骨子」（1997 年）が発表されると，経済団体連合会も「コーポレート・ガバナンスのあり方に関する緊急提言」（1997 年），「自民党法務部会商法に関する小委員会『コーポレート・ガバナンスに関する商法等改正試案骨子』に対する意見」（1997 年）を矢継ぎばやに発表した．自由民主党はこれに応える形で「企業統治に関する商法等の改正案骨子」（1998 年）を発表している．
4）株主総会については戦後 2 回にわたって改正された．
　最初の改正は 1950（昭和 25）年の商法改正である．この改正によって，1950（昭和 25）年改正時の商法 230 条の 2，現行商法 230 条の 10 の条文が追加された．この商法改正以前は，株主総会の決議事項に制限はなく，この商法改正によって株主総会の権限は縮小されたのである．これは所有と経営の分離を制度的に認め，業務執行においては「取締役会ハ会社ノ業務執行ヲ決シ」（商 260 条①）と，その決定権を取締役会に移すというものであった．
　2 回目の改正は 1981（昭和 56）年の改正である．この改正においては株主提案権（商 232 条の 2），総会検査役（商 237 条の 2）の設置，取締役・監査役の説明義務（商 237 条の 3），総会の議長（商 237 条の 4），株主の権利の行使に関する利益供与（商 294 条の 2）についての改正がなされた．特に株主の権利の行使に関する利益供与については，その 1 項において「会社ハ何人ニ対シテモ株主ノ権利ノ行使ニ関シ財産上ノ利益ヲ供与スルコトヲ得ズ」とし，いわゆる総会屋対策が盛られた．これには同時に罰則規定も設けられている（商 497 条）．

第3章　巨大株式会社の所有と支配

第1節　経営者支配と所有者（金融）支配

　現代日本における大規模株式会社は，誰が，どのように所有し，いかに支配しているのであろうか？

　本章においては，この問題について検討を加える．

　検討にあたり，まず，おもにアメリカで展開された株式会社支配論について，バーリ＝ミーンズからハーマンにいたるまでの議論を，主要な論者の著書，および委員会報告書の発表順に概観する．

　次に，日本における大規模株式会社の所有構造について，とりわけ日本的ともいえる所有構造特徴としてあげられる相互持ち合いについて，その所有構造の形成という面から重点的に検討してみる．

　その後，支配構造について検討を加えるが，個別企業における状況と企業集団の中における会社間関係における都市銀行の優位性を確認し，いわゆるメインバンクの位置づけについて検討を加える．

　そして，最後に新世紀を迎えるにあたり，大きく変わろうとする日本の経済構造の中で，これまでの所有・支配構造がどのような方向性をもって変わっていくのかという点について検討し，それに伴う問題を提起したい．

第2節　アメリカにおける株式会社支配論

2－1．バーリ＝ミーンズ

　アメリカにおける株式会社支配論の先駆的業績は，バーリ＝ミーンズ（A. A. Berle & G. C. Means）が1932年，実証的に株式会社の支配構造を分析した『近代株式会社と私有財産』（*The Modern Corporation and Private Property*）で

図表3−1　最大資産額200社の支配型別分布　　　　(%)

支配の型	直接的支配		究極的支配	
	会社数	資産額	会社数	資産額
完全所有支配	6	4	6	4
過半数所有支配	5	2	5	2
法律的手段による支配	10 1/2	12	21	22
少数所有支配	36 1/2	32	23	14
経営者支配	32 1/2	44	44	58
共同支配	8	6	—	—
特殊なもの	1 1/2	—	—	—
管財人の手中	—	—	1	—
計	100	100	100	100

注）1930年初頭におけるこの200社を業種別にみると，42鉄道会社，52公益事業会社，および106の工業会社からなる．
出所）Berle & Means, *The Modern Corporation and Private Property*, 1932, pp. 115-116.

あるといえよう．2人は「アメリカの産業用富のおよそ3分の2が，個人の所有から広範な大衆の投資による巨大株式会社に移行した」[1]状況下，非金融業の株式会社のうち資産額で最大200社を取り上げ，5つの支配類型を設定する．

つまり，
① 80％以上の株式を所有する完全所有支配
② 50％以上の株式を所有する過半数所有支配
③ 20％以上の株式を所有する少数所有支配
④ 無議決権株や議決特権株，議決権信託の利用，および持株会社を頂点とした所有構造に依拠する法的手段による支配
⑤ 株式所有を背景にした支配が存在せず，結果，経営者が支配する経営者支配

である．

これらの支配類型に前述の資産額で最大200社を分類していくと，これらの巨大株式会社のうち3割強（資産額では4割強）が彼らのいう経営者支配の範疇に入っていることを明らかにした（図表3−1）．この支配の類型化は，画期

的なものといえたが，それだけに議論を呼ぶこととなった．

2−2．臨時国民経済委員会報告

早速，翌1940年には臨時国民経済委員会 (Temporary National Economic Committee, 以下 TNEC) の報告書「経済力の集中に関する調査」(Investigation of Concentration of Economic Power) が出されることとなった．この委員会は当時の不況対策のために発足した調査委員会であるのだが，この報告書の中には，バーリ＝ミーンズの調査と同様に，非金融業の株式会社のうち資産額で最大200社を調査対象として株式の所有状況を調査したもの「モノグラフ第29巻 非金融業最大200社の所有分布」(Monograph No. 29, The Distribution of Ownership in the 200 Largest Nonfinancial Corporations) があったのである．

しかし，その結論は200社中139社，つまり約7割の巨大株式会社において所有者支配がなされているというもので，バーリ＝ミーンズの主張とは真っ向から対立するものとなった．

2−3．ゴードン

第2次世界大戦を経て，今度は経営者支配を支持する立場から，ゴードン (R. A. Gordon) が1945年に『ビジネス・リーダーシップ』(*Business Leadership in the Large Corporation*) を著す．ゴードンは TNEC 報告書の検討を行ない，まず，200社中他社の子会社と思われる24社を除外し，その176社の中で単一の同族集団によって所有，もしくは複数同族集団によって30％以上所有されている会社のみ所有者支配を受けているとし，その比率は約3割に過ぎないとする．

これはバーリ＝ミーンズが支配を取締役任免権の所有としたのに対して，ゴードンはビジネス・リーダーシップという用語を用いて，誰が経営上の意思決定を担っているのかという点を重視する．ゴードン以降の支配論の議論は焦点が取締役任免権から最高意思決定をめぐるものに移行していく．

2-4. パットマン報告書

しかし，1968年，下院議会の銀行通貨委員会，およびその委員会内に設けられた国内金融小委員会の委員長であった下院議員パットマン（Wright Patman）は，当時の商業銀行とその信託活動に注目し，調査委員会，いわゆるパットマン委員会を組織し，その調査結果を銀行通貨委員会国内金融小委員会に提出した．

そこではまず，信託業務を営む銀行の信託勘定，資産規模，資産内容が調査され，銀行信託部門の資産規模は約2,500億ドルと，当時のアメリカ機関投資家の中では第2位となっており，その6割強にあたる約1,600億ドルが株式に投資されていることが明らかとなった．

ついで，フォーチュンのリストによる工業大手500社，および商業，運輸，生保，公益事業のそれぞれ大手50社と大手49銀行との結びつきについての調査が行なわれた．そこでは5％という基準で株式所有関係と，役員派遣による人的結合関係が調査され，工業会社においてみれば，約3割の所有関係が明らかとなり，半数以上の会社において3人以上の役員派遣が行なわれていることが判明し，産業会社における強い影響力，もしくは支配力の可能性を示唆し，その危険性を訴えた．

2-5. ブランバーグ

1970年代に入ると，フィッチ＝オッペンハイマーとスウィージーによる論争や，バーチらによって支配論の問題が議論されたが，1975年，ブランバーグ（Philip H. Blumberg）によって『アメリカ社会における巨大株式会社』(*The Megacorporation in American Society*) が発表された．

この著作の中でブランバーグはまず支配の概念について検討し，従来の論者が支配形態の決定を一定の所有比率によって区分けしてきたことに反論する．つまり，外部から経営者に対する脅威のない場合には一定の基準の設定が可能になるとしても，外部からの経営陣に対する脅威が存在し，その脅威の主体の

行動レベル，つまり，TOB をかけられた時点，委任状の獲得競争に発展した段階などによって，支配に必要な所有比率は大きく変動するのであるから一定の所有比率による支配形態の決定は意味を成さないとする．

次いで，株式の機関所有について，機関投資家はいわゆる「ウォール・ストリート・ルール」に則って株式を所有するために，所有に基づく潜在的な支配力を現実に行使することはないとする．これは銀行信託部や年金基金，保険会社といった機関投資家が，彼らの信託者や年金受給者，保険契約者等から投資収益を第一に求められること，支配力を行使することにより政府からの干渉を受けることを嫌うこと，さらに投資対象会社に業績悪化，無謀な事業計画等の不都合なことが起きれば，機関投資家は経営に介入するというよりも所有株式を売却するという手段をとるために，機関投資家は株主として機能しなくなっているとする．

そして，主要な会社の支配について，
① 個人の株式所有が増大し，広範に分散したこと
② 機関所有も増大し，潜在的には支配力ももってはいるものの，その支配力の行使には消極的であること
③ 経営者が委任状の獲得機能を掌握していること[2]

により，おおむね経営者支配となっており，この状況を民主的な社会の発展と調和させることの必要性を主張した．

2－6．コッツ

前述のゴードンに師事したコッツ（David M. Kotz）は 1978 年，『アメリカ巨大会社の銀行支配』（*Bank Control of Large Corporation in the United States*）を著す．題名からも明らかなように，この著作はゴードンの経営者支配論とは立場を異にし，銀行による金融支配がアメリカ巨大会社の主たる支配形態であるとする．

コッツはその主張を展開するにあたり，まず，支配の概念についての検討を

行なう．これは会社の目標，合併・買収を含めた拡大政策，財務政策，利益分配政策を行なうことをさす「広範な政策」を決定する力を支配と規定する．

しかる後，1967年から1969年の資産額における最大200社の非金融会社の支配形態を吟味し，その多くが金融支配となっていることを明らかにする．この分析において，コッツは支配形態の決定の基準に，従来用いられてきた株式所有に加えて，融資，役員派遣の要素を加えたうえで，支配形態を6つに分類する．

つまり，
① 完全な金融支配
② 部分的な金融支配
③ 完全な所有者支配
④ 部分的な所有者支配
⑤ その他の支配
⑥ 支配中枢の確認しえないもの

である．

分析の結果，200社中，支配中枢を確認されず推定もできないものが64社（32％）も占めることとなった．この支配中枢を確認されず推定もできないものは事実上の経営者支配を示すものであるのだが，一方では金融支配が69社（34.5％），所有者支配が43社（21.5％）とサンプル会社の過半数で支配中枢を明確に確認することができ，「金融支配は，今世紀の初期において非常に広く認められていたものであるが，現在においても巨大非金融会社における重要な非金融会社における重要な支配形態として残っている．今日の金融機関の勢力の主要な基盤となっている銀行信託部の資産は，第2次大戦後に急速に成長してきた．バーリ＝ミーンズ，ラーナーの調査結果も私の結果も，所有社支配[3)]の重要性が低下してきたことを示している．もし，これら両方の傾向が継続するならば，そして，これを妨げる傾向が発展しないならば，将来，金融支配は巨大非金融会社において，なおいっそう拡大することになると予想されよう」[4)]

図表3－2　最大非金融200社の支配形態（1967年〜1969年）

	金融機関グループを考慮しない場合				金融機関グループを考慮した場合			
	会社数	%	資産額(100万ドル)	%	会社数	%	資産額(100万ドル)	%
1．完全金融支配	13	6.5	24,362	5.6	16	8.0	27,434	6.3
2．部分的金融支配	46	23.0	72,656	16.8	51	25.5	84,585	19.5
3．部分的金融支配と部分的所有者支配	10	5.0	12,741	2.9	11	5.5	15,685	3.6
4．完全所有者支配	31	15.5	46,330	10.7	30	15.0	43,386	10.0
5．部分的所有者支配	2	1.0	2,088	0.5	2	1.0	2,088	0.5
6．その他の支配	5	2.5	17,796	4.1	5	2.5	17,796	4.1
7．支配中枢の認識できないもの	93	46.5	256,844	59.3	85	42.5	241,843	55.9
合　　　計	200	100.0	432,817	100.0	200	100.0	432,817	100.0
金融支配(1＋2＋3)	69	34.5	109,759	25.4	78	39.0	127,704	29.5
所有者支配(3＋4＋5)	43	21.5	61,159	14.1	43	21.5	61,159	14.1
金融支配と所有者支配(1＋2＋3＋4＋5)	102	51.0	158,117	36.5	110	55.0	173,178	40.0
支配中枢の認識できないもの(7)のうち								
金融支配と想定されるもの	8	4.0	18,259	4.2	7	3.5	28,026	6.5
金融支配と所有者支配と想定されるもの	3	1.5	8,546	2.0	1	0.5	6,851	1.6
所有者支配と想定されるもの	18	9.0	21,223	4.9	16	8.0	19,300	4.5
支配中枢が確認されず想定もされないもの	64	32.0	208,816	48.2	61	30.5	187,666	43.4

出所）D. M. Kotz, *Bank Control of Large Corporations in the U. S.*, 1978, p. 97, p. 102.

との結論を下している（図表3－2）．

2－7．ハーマン

　コッツの調査に対し，1981年，『会社支配と会社権力』を著し，コッツの金融支配論に批判を加えたのがハーマン（Edward S. Herman）である．彼は支配の概念を「文字どおりの支配」と「抑止力」の2つの次元で規定する．これは最高人事，重要な戦略の決定，投資額および投資先といった主要な意思決定を

第3章 巨大株式会社の所有と支配　27

図表3－3　最大非金融200社の支配形態（1974年末）　　　　　　（%）

支配形態	会社数		資産額	
	直接的支配	究極的支配	直接的支配	究極的支配
A．内部経営者支配	64.0	65.5	73.8	75.3
B．内部経営者と外部取締役による支配	17.0	17.0	10.1	10.1
経営者支配（A＋B）	81.0	82.5	83.9	85.4
C．過半数所有支配	1.5	1.5	0.8	0.8
D．少数所有支配	12.5	14.5	10.7	12.5
E．会社間所有支配	4.0	—	3.5	—
F．政府支配	0.0	0.5	0.0	0.4
G．金融支配	0.5	0.5	0.4	0.4
H．管財人支配	0.5	0.5	0.6	0.6
合計	100.0	100.0	100.0	100.0

出所）E. S. Herman, *Corporate Control, Corporate Power*, 1981, pp. 56-59.

する「文字どおりの支配」と，人事，配当支払額に対する拒否権等，ある意思決定の選択を制限する「抑止力」である．とりわけこの「抑止力」はコッツの金融支配説を意識したものといえる．つまり，コッツのいう金融支配の範疇において，潜在的には支配力を保持する金融機関が存在しても，それらの金融機関が表に立って支配力を行使することは少なく，実際の経営における意思決定の大部分は経営者が行なっており，一定の影響力，もしくは抑止力を金融機関がもつことと支配を受けることとは異なるとの認識の現われである．

　ハーマンの分析は，1974年末における非金融最大200社を対象に行なわれた．支配形態は持株比率が5％をこえるものが存在しない経営者支配（この支配形態は内部経営者のみによる支配形態と内部経営者および外部取締役による支配形態に分けられる），過半数所有支配，少数所有支配，会社間所有支配，政府支配，金融支配，および管財人支配に分類され，結果は経営者支配の会社が圧倒的に多かった（直接的な支配で81.0％，究極的な支配では82.5％）ということである．

　しかし，ハーマンはさらに金融機関による影響力についても検討を行なう．つまり，金融機関の潜在的な支配力，つまり前述の影響力についての検討であ

る．

　非金融業の最大200社および鉱工業の最大100社を対象に行なった調査によれば，完全な金融支配は非金融業の最大200社において1社のみであるものの，かなりの影響力をもつものが非金融業の最大200社において117社（58.5％），鉱工業の最大100社において66社（66.0％）も存在していることを明らかにした（図表3－3）．これらはコッツの認識によれば金融支配となるものであるが，2元的な支配概念を用いることにより，この問題を処理した．

第3節　日本における株式会社の所有構造

3－1．日本的所有構造の原点

　日本の株式会社の所有状況は欧米のそれとは様相を異にしている．それは後述する法人の相互持合いに代表されるが，この所有形態が出来上がった背景には歴史的な経緯の理解が必要となる．

　戦後GHQによる占領下で行なわれた経済民主化の名のもとに行なわれた財閥解体によって，戦前のそれとはその様相を一変させたからである．

　戦前，戦時中，日本経済の中核となっていた三井，三菱，住友，安田といった4大財閥は，財閥家族が閉鎖的に所有する持株会社の下にピラミッド型の所有に基づいたコンツェルンを形成していた．

　たとえば，1944年9月，三井財閥では三井本社を頂点として，直系会社10社（三井物産，三井鉱山，三井信託，三井生命，三井化学工業，三井不動産，三井船舶，三井農林，三井造船，三井精機），準直系会社12社（日本製粉，三井倉庫，大正海上火災，熱帯産業，東洋棉花，三機工業，東洋レーヨン，東洋高圧，三井油脂化学，三井軽金属，三井木材工業，三井木船建造）を指定している．[5] この時点での三井本社は三井家によって75％の株式を所有されており，直系会社における三井家および三井本社の所有比率は平均73.4％，準直系会社でも平均57.4％となっている．

　しかし，敗戦という結果を迎え，日本は連合軍最高司令官司令部（以下，

GHQ）による占領政策下におかれる．そこでは連合軍最高司令官の日本政府宛ての覚書をうけて，日本政府が行政ないし立法措置をとる形で占領政策が実現されていった．そして経済民主化の一環として行なわれたのが財閥解体である．

これは持株会社の解体，財閥家族の支配力の排除，株式所有の分散化を柱として行なわれた．まず1945年10月，「外地銀行外国銀行および特別戦時機関の閉鎖に関する省令」により，戦時金融金庫といった戦時特別機関や朝鮮銀行といった外国銀行が閉鎖され，それら閉鎖機関の所有していた大量の有価証券が日本銀行および閉鎖機関整理委員会へ移管された．翌11月には「会社解散制限令」により，資本金500万円以上の会社は譲渡，解散が制限され，4大財閥の本社の財産，権利の移転にも規制がかかった．さらに翌1946年3月の同令改正によって，証券の保有および売却，役員兼任などが禁止されることになった．翌4月には「持株会社整理委員会令」により，持株会社として指定を受けた会社およびその会社の所有する株式，さらに財閥家族として指定された個人所有の会社株式が持株会社整理委員会に譲渡された．

これらの株式の他に，前述の日本銀行および閉鎖機関保管人委員会が管理していた株式，さらには財産税の物納により国庫に納められた株式の処理は膨大な量となった．また，特別経理会社として指定された会社は企業再建計画によって増資を行なわなければならず，そのため大量の株式の円滑な処理の必要性が生じた．そこで証券民主化の名の下，1947年1月，「有価証券の処分の調整等に関する件」が公布され，6月の施行とともに，証券処理調整協議会が設立された．

この証券民主化は，
① 証券の処分に際しては当該発行会社の従業員に対し，優先的に売却すること
② 持株会社および財閥一族に対しては売却をしないこと
③ 原則的に持株会社の傘下にある会社には売却をしないこと

④当該株式総数の1％以上を所有する株主には売却しないこと，また，売却株式と所有株式が合計して1％を超えることのないようにすること

を基本方針として行なわれた．加えて，「会社証券保有制限令」第10条により従業員は株式取得資金を金融機関から借入れが可能となったこともあって，従業員に対する売却が相対的に大きな比率でなされたものの，当初の目論見通りにことは進まなかった．というのも，当時の従業員に資金の余裕がなかったために，企業再建整備計画による減資，およびその後の増資払い込みという負担をおわなければならなかったことやドッジ・ラインのもとでの金利上昇局面において株価は低迷し，「財閥解体の後始末として大量の株式処分が行なわれなければならなかったが，結局，大衆投資家の動員＝株式払込み→増資払込みという形で零細な投資資金が集中され，会社の債務償還に利用されつつ，最後は株価暴落過程で，大衆投資者は安値で株式を手放し，市場から姿を消すというケースが少なくなかった[6]」という結末に終わった[7]．

また，同じ時期に旭硝子や東邦レーヨンに代表される乗っ取り事件が多発し[8]，それに対応するために企業側は安定株主工作を始める．それは，まず証券会社名義による企業の自社株所有という形で現れた．これは「商法の規定とは無関係に[9]」所有されたもので，この形態の「自社株所有は，戦後，商習慣であるかのように1958年まで多数の大企業で行なわれていた[10]」とされている．

この過程で留意しなければならないこととして，主要金融機関の動向である．つまり，三菱銀行，住友銀行，三井銀行，富士銀行，第一銀行，日本勧業銀行，三和銀行における証券会社の所有比率の推移をみてみると，1950年においては，7行中6行において証券会社が大株主として登場し，7行の単純平均で3.21％を所有していたが，1954年の時点では早くも三菱銀行においてのみ，0.46％所有されていただけという状況となっており，証券会社名義による企業の自社株所有という所有形態は，主要金融機関においては他の産業会社に比べ，早期に脱却したことが伺える（図表3－4）．

さらに，企業側は「制約の解除された講和後には同系列企業間の株式によっ

第3章　巨大株式会社の所有と支配　31

図表3－4　企業集団所属都市銀行および日本興業銀行における証券会社所有比率推移

	1950年	1951年	1952年	1953年	1954年
三井銀行	7.04%	4.12%	2.16%	6.01%	0.00%
三菱銀行	3.07%	1.87%	0.00%	0.00%	0.46%
住友銀行	0.00%	0.00%	0.00%	0.00%	0.00%
富士銀行	3.85%	2.01%	0.00%	0.00%	0.00%
第一銀行	0.79%	0.00%	0.00%	1.17%	0.00%
日本勧業銀行	5.73%	0.50%	0.00%	0.00%	0.00%
日本興業銀行	0.00%	0.00%	0.00%	0.00%	0.00%
三和銀行	1.97%	2.99%	0.00%	0.00%	0.00%
平均	2.81%	1.44%	0.27%	0.90%	0.06%

出所）山一証券（1950,1951,1952,1953,1955）より作成．
注）証券会社持株は大株主として記載されているものを計

て対処」することとなった，つまり，相互持合いを形成していった．[11]

以上のような経過により発生した株式の相互持合いによる所有構造は，その後，企業集団の形成，資本の自由化にともなう外国企業による乗っ取りを防止するため，そして市場から浮動株を吸収し，企業の高株価経営を下支えするものとして株式の相互持合いは本格化していく．

3－2．6大企業集団の所有構造

日本経済の中核を成す6大企業集団の所有構造について，一般的には「円環状，あるいはマトリックス型の相互持合い[12]」の持合いということがいわれるものの，三菱，住友，三井といった旧財閥系の企業集団の所有構造と芙蓉グループ，三和グループ，第一勧銀グループの所有構造は若干の構造の違いが見出せる．[13]

それはいわれているほど円環状の持合い状況が確認できないのである．つまり，それぞれのグループにおいて金融機関（都市銀行および信託銀行）は相互

会社である生命保険を除いて，すべての所属企業と持合い関係を構築しているものの，所属非金融企業間の持合い関係はそれほど密なマトリックス型の所有関係は形成されていない．

　これは芙蓉グループが旧安田財閥系企業（富士銀行，安田信託銀行，安田生命保険，安田火災海上保険，東邦レーヨン，沖電気工業，東京建物）を中心として，他に旧日産コンツェルン系企業（ニチレイ，日本油脂，日立製作所，日産自動車）等からなり，三和グループは旧鈴木商店系企業（日商岩井，帝人，神戸製鋼所），旧岩井産業系企業（日商岩井，トクヤマ，関西ペイント，日新製鋼），旧日産コンツェルン系企業の中でも日立製作所のグループ的色彩の色濃い企業（日立製作所，日立化成，日立金属，日立電線，日立造船，新明和工業）等からなり，第一勧銀グループは旧古河財閥系企業（日本ゼオン，旭電化工業，横浜ゴム，日本軽金属，古河機械金属，古河電気工業，富士電機，富士通）と旧川崎財閥系企業（川鉄商事，川崎製鉄，川崎重工業，川崎汽船），そして旧日本勧業銀行と結びつきの強かった企業等から成り立っており，それぞれの企業群（三和グループの旧日産コンツェルン系企業を除く）においてはマトリックス型の持合い関係が確認できるものの，グループ全体としては緊密なマトリックス型の持合い関係はなく，各企業群をそれぞれのグループ所属の都市銀行および信託銀行が所有関係の中核となって所有関係が構築されているのである．これらのことから，6大企業集団に共通な所有構造として指摘できるのはマトリックス型の所有構造というのはやや大げさで，むしろ，都市銀行をはじめとして金融機関が中核となった相互持合い構造ということになる．

　また，持株比率の問題も見逃すことはできない．つまり，銀行は独占禁止法により，いわゆる5％ルールが厳しく守られているものの，相互持合い関係において産業会社側が銀行の所有比率を上回って所有している例は一件もない．

　これらのことから，企業集団においてはそこに所属する都市銀行がメンバー企業に対して相対的に優位な所有関係を構築しているのである．

第4節　企業集団と企業支配

4−1．財務における個別企業経営者の自立化

　まず，財務面での経営者の自立化についてみてみると，高度経済成長期以降の証券流通市場の整備や成熟化に伴い，国の内外における株式の時価発行増資，転換社債（CB），新株買取り請求権付社債（WB）の発行に伴う活発なエクイティー・ファイナンスが行なわれた．この過程で株価は一貫して右肩上がりの状況を呈し，その結果，一般大衆株主はその取得目的をインカム・ゲインからキャピタル・ゲインにシフトさせ，配当率に対する関心，圧力を低下させ，発行会社側は時価発行増資に伴う払込剰余金を会社内部に留保し，安定配当政策という名の低率配当が行なわれた．ここに一般大衆株主の疎外化が進み，一方で経営者の自立性への道が開かれた．

　さらに，株式の相互持合いは，財務利用可能性に効果をもたらした．つまり，財務リスクの指標となる自己資本比率を上昇させたのである．みかけ上の自己資本比率の上昇が，当該会社の融資における貸倒れリスクの軽減にはならないとの見方も可能であるが，企業集団における株式持合いが自己資本比率に与える影響に関する試算によれば，「株式持合いは払込み資本比率を約20％引上げた」[15]とされる．結果，担保能力は拡大し，信用度を増すことに寄与し，新たに信用供与を受けることなどの資金繰りを容易にさせた．

　企業集団のメンバー企業の財務状況を見てみると，借入金比率は上場企業全体に比べて相対的に高いものの，内部金融率（キャッシュ・フローを固定資産増加額で除した数値）においては上場会社平均よりも高くなっており，この点から見れば，企業集団メンバー企業の経営者の方が会社経営上，財務的に自立性が高い．

4−2．企業集団内の会社間関係における都市銀行の優位性

　単体としての会社における取締役の構成においては，社内従業員出身の取締

役がその大多数を占めていることが知られている．しかし，役員派遣の面からみると[16]，その中心は都市銀行から産業会社への役員派遣が主たるものとなっており，持合い関係をもっていながらも産業会社から都市銀行への役員派遣は伊藤忠商事から第一勧業銀行へ監査役として役員が派遣されている例が一件あるにすぎず，役員派遣には一定の方向性があると認められる．

また，系列融資においても，先にみた，戦後の復興過程における安定株主工作において，グループ企業は都市銀行からの融資を受けて株式の購入を行なっている．その後の高度成長期においても，直接金融市場が未整備な中で積極的な企業の設備投資を賄ったのは，同じ企業集団に所属する都市銀行が中心となっての協調融資であった．また，70年代に入ってからの低成長期にはいり，また証券市場の発展に伴い，直接金融の比重が高まりをみせる中，各企業集団のメンバー企業は系列融資による借入充足率を緩やかながらも低下させてきたが，バブル経済の崩壊を受けて直接金融が機能しなくなると，資金調達においては系列融資の比重を高めざるをえない状況にある．ここに，メンバー企業は都市銀行に対して借入の規律を受けざるをえないのである．

この状況の背景には，政府の銀行行政が護送船団方式を取ったために，銀行は行政の規制と保護の下，銀行間の過当競争による弊害をかわしつつ，一方では競争しながら協調するという形で「メインバンク」として取引先である産業会社に対して優位な立場を築いてきたという過程が存在する．

第5節　メインバンクと企業支配

ここで問題となるのは，メインバンクの位置づけである．

基本的に6大企業集団のメンバー企業は日本を代表するような大規模な企業が名を連ねており，財務的にも自立性が高く，取締役の大多数は自社の従業員出身である．株式の相互持合い構造を構築して，相対的に低い所有比率で系列融資を受け，決済機能をメインバンクの都市銀行に委ねて，さらにそのメインバンクから数名の役員派遣を受け入れていても，その取締役が最高意思決定に

大きな役割を果たしたり，当該都市銀行から文字どおりの支配を受けることにはならないであろう．

しかしながら，それでは企業集団の中で，都市銀行がメインバンクとして果たしてきた役割や機能を，前述のハーマンのいうような支配ではなく「影響力」や「抑止力」と規定してもよいのだろうか．

政府の経済政策の最重要課題としての金融政策の下，競争しながら協調するという形で保護されてきた都市銀行は，戦後復興期より経済発展の資金供給の中核として機能し，大規模な企業集団を形成しながら，産業会社に対して優位かつ濃密な関係を構築してきた．この関係を，アメリカにおける金融機関と産業会社の関係と同一線上で語ることには無理を感じる．

注）
1) A. A. Berle & G. C. Means, 1932, preface
2) 会社経営者は会社の費用で委任状の書類作成を行ない，株主に送付する．このさい，一般的には経営者にとって有利な情報が書類に記載され，さらに委任手続きにおいても明らかに反対の態度を明確にしない，つまり，白紙の委任状は経営者の側に有利なものとなってしまうため，経営者はこの委任状の獲得機能の掌握により，株主総会における決定にきわめて有利になる．
3) R. J. Larner, 1970年に *Management Control and Large Corporation*『経営者と巨大会社』を著している．その中では，1929年と1963年の最大非金融200社の支配形態を分析し，経営者支配が優勢であると主張した．
4) D. B. Kotz, *Bank Control of Large Corporations in the United States*, Berkeley, 1978, p. 118.（西山忠範訳『巨大企業と銀行支配──現代アメリカ大企業の支配構造──』文眞堂，1982年，p. 122）
5) これらの直系，準直系会社のうち，三井化学工業，三井軽金属は三井鉱山，東洋高圧は三井化学のそれぞれ子会社であることなどを勘案して計算から除外すれば，直系，準直系会社における三井家，三井本社による平均持株比率はもっと高くなる．
6) 大蔵省財政史室『昭和財政史──終戦から講和まで──』第14巻，東洋経済新報社，1979年，p. 423．
7) 企業側からこの証券民主化運動を評価すると，企業の再建にあたり，個人からの株式の払込み金は戦時補償の打ち切りに伴う損失を埋めるための原資として利

用することが可能で，倒壊寸前の経営を立て直すにあたって重要な役割を果たした．
8）詳しくは，東京証券業協会『証券外史』1971年，東京証券業協会，pp. 179-213を参照のこと．
9）同上書，p. 236．
10）鈴木邦夫「財閥から企業集団・企業系列へ」『土地制度史学』第135号，1992年，p. 10．
11）宮島英昭「『財界追放』と新経営者の登場」『WILL』1991年7月号，中央公論社，p. 144．
12）奥村宏『新・日本の六大企業集団』1986年，ダイヤモンド社，p. 113．
13）これらのグループにおいては重複して企業集団に所属している企業が相対的に多い．つまり，日商岩井（三和，第一勧銀），日本製紙（芙蓉，三井），王子製紙（第一勧銀，三井），電気化学工業（第一勧銀，三井），太平洋セメント（芙蓉，第一勧銀，三井），神戸製鋼所（三和，第一勧銀），日立製作所（芙蓉，三井，第一勧銀），石川島播磨重工業（第一勧銀，三井），日本通運（三和，第一勧銀）がこの例にあたり，三菱，住友の各グループにはこのような重複所属企業は存在しない．
14）旧鈴木商店系の日商と岩井産業が1968年に合併したもの．
15）伊藤邦雄「株式持合い―その螺旋型ロジック・シフト」伊丹敬之・加護野忠男・伊藤元重編『リーディングス　日本の企業システム1　企業とはなにか』有斐閣，1993年，p. 174．
16）くわしくは，東洋経済新報社「企業系列総覧'99」東洋経済新報社，1998年，pp. 44-47を参照のこと．

第2部

企業の組織と管理

第4章　分業と組織構造の展開

第1節　企業規模の拡大と分業

　米国においては，19世紀末から20世紀初頭にかけ，企業はその規模を拡大していった．企業規模の拡大とは組織構造の水平的・垂直的な拡大を意味している．水平的な拡大は，生産規模の拡大に伴う同質的な拡大，機能上の分化，職能の分化などによってなされた．垂直的な拡大は，管理上の必要性から生じてきた．

　他方，企業規模の拡大は絶えず効果的な生産を保証するようなものではなかった．企業規模の拡大は効果的な生産と，効果的な管理を少なくとも必要としていた．この効果的な管理こそ，われわれが現在取り上げている経営管理そのものである．

　こうして拡大した組織構造は，仕事の分業を意味し，これら分業化された仕事に付随する責任と権限，その連鎖を表している．このように責任と権限の連鎖に担わされる効果的な管理によって分業はいきたものになる．

　この章では，企業が目指す分業とは何か，企業の組織構造の拡大はどのようになされているか，そしてその結果として登場する現代的経営管理について，以下に要約していこう．

第2節　分業とはなにか

2―1．分業

　分業は古くから用いられている人間の知恵である．人間単体の能力は有限であるが，その力を有効に合わせるならば，多少なりとも人間単体の限界を超えていくことができる．人間は分業という社会的な工夫を通して社会を作り上げ

ていく動物なのかもしれない．

　企業とは，こうした人間の工夫の一つであろう．そして，企業がその存在を社会的存在として必要性を認められたならば，社会的分業の一端を担うことを許されよう．企業は社会的分業の中に位置づけられると同時にその内部において分業を行なうことになるのである．

　しかし同時に，企業内で分業が行なわれるためには，分業が効果的に管理され，まとめ上げられていること，すなわち協業となっていることが存続にとっての前提となってこよう．分業は単に仕事を分けることを意味するものではない．その仕事を人間が，共に行なうことを意味している．分業は仕事と人間の関係を同時にもち合わせているのである．

2―2．分業のメリット

　分業が存在し，分業がなされているということは，それ自体に意味，すなわちメリットがあると考えられよう．

　では，分業のメリットとは何か考えてみよう．このメリットは古くスミス（A. Smith）によってすでに見いだされている．彼によれば，まず第1に分業による仕事の限定が結果的に技術的な向上をもたらすことである．専門化による技術の熟練や技術内容の進化は広く認められることではないか．

　第2には，分業によって仕事を限定することが仕事を移る必要をなくし，結果的に無駄な時間をなくすことである．分業化されていなければ必要なことすべてをひとりでしなければならなくなる．仕事はパッチワークのようになり，かえるたびにあらためてその仕事をどうするか考えねばならないし，急にトップギアに調子が入るわけでもない．仕事をかえることのロスは大きいと思われる．

　最後に，分業によって仕事を限定されることで，その限定された仕事を効果的にしようとする技術的な工夫や発明が生まれる可能性があることである．複雑な機械も実は小さな部分の組み合わせであることが多い．自動化設備も突然

生じたのではなく，少しずつ進化してきたのである．どれも初めは分業による仕事の細分化であったろう．

アダム・スミスはこのように「分業された結果のメリット」を説明しているが，注意すべきは「分業の仕方」そのものが効果的でないならば分業そのものが意味を失ってしまうことがある．たとえば，ドッジボールで最後に2人残り，前後からねらわれたとしよう．2人が背中合わせになればいいが，そうでなかったら（あり得ない話だが），せっかくの分業は水の泡である．このように，分業には，そのメリットを確信し効果的な分業がなされるように工夫することが前提視されている．すなわちこのためわれわれは「効果的な管理」ということに注目していかなければならない．

2−3．分業に伴う問題

次章で登場するバーナード（C. I. Barnard）は，分業を協働という言葉で置き換え，ひとりでするよりも効果的であると判断した場合その協働に参加する，と考えている．それは分業することがひとりの場合よりも絶えず効果的であるとは限らないことを意味していよう．分業には，分業することに伴って不可避的に生じてくるさまざまな関係があり，この関係がうまくなされていなければ問題が発生するのである．

分業は仕事と人間の関係を同時にもち合わせているので，分業することで生じてくるさまざまな関係を効果的にする必要がある．この関係ははっきり認識されるものばかりではないだろう．また，状況の変化や時間の経過と共に関係が変化したり新しく発生したりもしよう．あるときには特定の個人への仕事の分割の方法に問題があるのかもしれないし，あるときには共に働く者同士の人間関係に問題があるかもしれない．「他のやつとは仲がいいが，あいつと一緒なくらいだったら，やらない方がましだ．」こういった会話は，どこでも耳にするのではないだろうか．はっきりしていることは，分業の結果メリットもでれば問題が発生する可能性も高いということであり，分業が進めば進むほど問

題が質的に量的に恐ろしく増大していく可能性があることだ．

このように，分業に伴い発生するさまざまな関係が，場合によっては分業のメリットを相殺する問題を発生させる可能性があることを知るべきである．

第3節　組織構造の拡大

3－1．組織構造の拡大

企業の組織構造は，企業環境への適応を基本としながら，主にスケール・メリットを求め拡大してきている．こうした企業の組織構造の拡大は，基本的には水平的な広がりに垂直的な広がりを伴い，拡大すると考えることができる．

3－2．水平的拡大

製造業をとって考えれば，一つの最終製品の完成には，素材（川上）から組立（川下）に至る長い加工組立の行程が必要であるが，社会的分業として多くの企業は川上から川下にいたる生産工程の流れの一部分を分担している．こうした流れは，企業における組織構造においては水平的な広がりをもったものと表現できる．

ライン職能と部門化：一企業をとってみれば，何らかのものを投入する過程（in put），それを変換する過程（through put），そして産出する過程（out put）をもつことになる．具体的には財務職能，購買職能，製造職能，販売職能などがそれに当たる．こうした過程を担うのがライン職能であり，これらが複数の人間に分業化され，構造化するとライン部門を形成する．

スタッフ職能と部門化：企業規模の拡大に伴い，ライン職能はさらにさまざまなスタッフ（サービス・スタッフ）職能を必要としてきた．こうした職能が構造化しスタッフ部門を形成する．また，分化するスタッフ機能には企画，調査，研究，人事，会計，法務，庶務などの機能がある．製造業の場合だと，企業は生産や販売のライン部門に対して，経理や人事のスタッフ部門を設置していることが多い．こうした職能の発生もまた水平的な広がりとなる．

製造規模の同質的拡大：市場が拡大し需要の拡大にあわせて製品の生産が拡大する場合には，生産設備を増強し要員を増員する方向をとることが多い．この場合は，組織構造は水平方向への広がりをもつことになる．

3－3．垂直的拡大

企業は水平的拡大の必要に伴い管理の必要性が生じ，その結果として垂直的な拡大を生じる．垂直的拡大によって形成され階層化した組織構造は管理階層とよばれる．

管理階層：企業の管理階層は，一般にローアー・マネジメント，ミドル・マネジメント，トップ・マネジメントに区分されることが多い．

ローアー・マネジメントは，管理階層の最下部にあって，管理的業務をもたない従業員の活動を指揮する係長，監督者等が相当する．彼らは，比較的短期的に目的が合致するように，さまざまな部門で日々の活動の遂行に責任をもっている．

ミドル・マネジメントは「管理者の管理者」である．また管理階層の中で肥大しやすい階層である．彼らは，ローアー・マネジメントに属する管理者や下位のミドル・マネジメントに属する管理者の仕事を指揮し，トップ・マネジメントが位置づける指針を実行する責任をもっている．彼らの職位は，一般に部長，課長と呼ばれる人たちのことであるが，大規模製造会社の工場長なども含まれる．彼らは，トップ・マネジメントが示す全般的目標を担当する事業部，部門への具体的な目標に翻訳し，かつ部下の管理者の活動を管理する役割をもつことになる．

トップ・マネジメントは，企業全体の管理責任をもつ者達によって構成されている．彼らは，企業の全般的目標を策定しミドル・マネジメントを管理し企業の活動ばかりか企業活動が及ぼす社会的影響に対しても責任をもつことが必要とされる．トップ・マネジメントの職能は，一般に受託経営職能，企業の全般経営職能，主要部門経営職能であるとされる．また，トップ・マネジメント

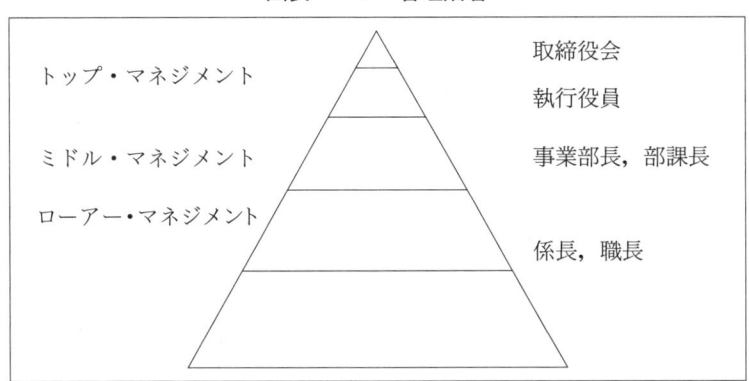

第4章 分業と組織構造の展開　43

図表4−1　管理階層

```
トップ・マネジメント          取締役会
                           執行役員
ミドル・マネジメント           事業部長，部課長
ローアー・マネジメント         係長，職長
```

は，受託経営職能を担う取締役職能と企業経営管理を担う経営執行職能に分けられる．

わが国ではこれまで，この取締役職能と経営執行職能が明確ではなかったが，放漫なバブル経営と反社会的経営が表面化したバブル崩壊後の昨今，株主重視と経営監視を強化するため，多くの企業が取締役の人数を減らし意思決定能力を高め，執行役員をこれとは区別して設定する「執行役員制度」をとるところが増えてきている．

　階層化：垂直的拡大によって生じる階層化は管理の階層化である．管理の階層化は，企業の意思決定の階層化を意味している．企業はさまざまな企業環境，主として市場という競争環境に身をさらしている．個々の企業が接する環境の変化速度や競争状態はそれぞれに異なるだろうが，明確なことは，階層化が進むほど，すなわち構造化が進むほど環境に対して適応的ではなくなる．環境の変化速度に適応できない場合環境不適応を起こし，企業そのものの維持が困難となる．

　今日わが国では，階層化の弊害に対する対応としてさまざまな試みがなされてきているが，キーワードは自律性，スリム化であるようだ．これらは有利な環境での意思決定のスピードアップが競争環境に勝ち残る唯一の武器であるとの認識から来る．そのために一方で，階層を減少させ，活動範囲を限定し，他

方で権限の移譲を極端に行ない始めている．階層化は，スケールメリットを求める流れの中で構築されてきた．今日，多くの企業は従来の構造的弊害を乗り越え，新たな階層化，管理，すなわち総合化の道を模索している（第6章参照）．

3－4．ライン組織とライン・スタッフ組織

組織構造の拡大は，水平的な拡大と垂直的な拡大を複合して行なわれることになる．こうした組織構造には基本的な構造として，ライン組織とライン・スタッフ組織があげられる．

ライン組織：ライン組織は直系組織，軍隊組織ともいわれるように，組織の命令—責任の権限関係は単純である．逆に階層が高ければ高いほど権限が大きくなり，同時に責任が重くなる．こうした権限の集中は判断の麻痺を伴う可能性がある．よって，規模が拡大すればするほど，組織としての効率は低下せざるを得ないのである．こうした弊害に対し，専門のスタッフ（ゼネラル・スタッフ）をそろえ，対応しようとする傾向が生じる．

ライン・スタッフ組織：この組織形態は多くの企業で採用されている形態である．この場合のスタッフとは，先のサービス・スタッフの職能・部門であるし，また階層化によってトップの意思決定を補助する役割をもったスタッフすなわちゼネラル・スタッフの職能・部門が生じる．製造業の多くは，企業規模の拡大に努めてきた．その過程の中でスタッフ部門を増設する必要性が生じ，

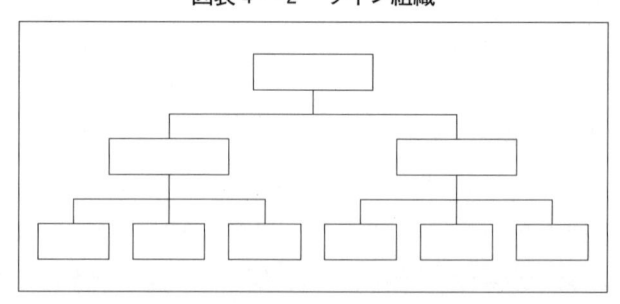

図表4－2　ライン組織

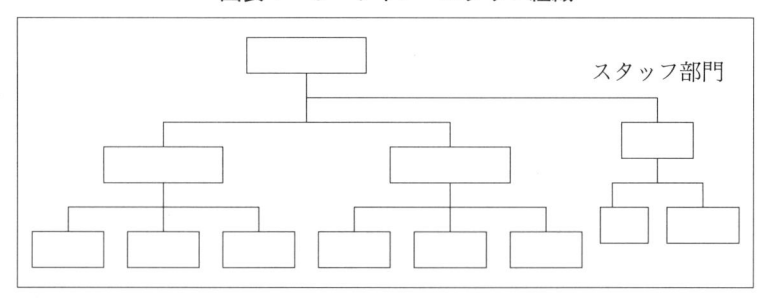

図表4－3　ライン・スタッフ組織

スタッフ部門

同様にトップの意思決定を支援する何らかの補助機能を必要としてきたのである．

第4節　経営管理

　経営管理といえば，企業体の経営管理のイメージをもつが，これは当たらない．科学としての登場は20世紀を待たねばならなかったが，経営管理は，太古から行なわれてきた人間が集団で行なうさまざまな試みにおいて，絶えず必要になってきたもののことである．わが国では学校や病院は企業というイメージをもたれてこなかった．しかし現実には，病院，学校は「経営危機」にみまわれ，地方行政体すらが倒産する可能性があることを，すでにいくつかの実例や報道を通してわれわれはみききしてきている．

　このように科学としての経営管理は，企業活動だけを対象とするのではなく，広くさまざまな目的集団の活動をも対象とするのである．

4－1．一般的な経営管理の定義

　経営管理の定義は，さまざまな学派によって学問的に検討されてきたものだけとっても「ジャングル」といわれるほど多種多様であるが，企業などの現実の管理の現場ではさらにさまざまな理解（定義）がなされていることだろう．ここでは一般的に用いられるクーンツ等（H. Koontz & H. Weihrich）による経営管理（マネジメント）の定義を用いることにする．彼らは伝統的な管理過程

学派にありながら、さまざまな異なる学派の成果を吸収しまとめ上げてきている。

経営管理，すなわちマネジメント（management）とは，「個々人が，諸集団の中で共に働きながら，選ばれた諸目標を能率的に達成する，そういった環境を設計し維持するプロセス」のこととなる．こうした経営管理は，実際にはそれを担う個人によって遂行されねばならない．この個人は，経営管理者と呼ばれる人である．こうした人々が，すでにみた管理階層を担っている人々なのである．

では次に，こうした人々が担っている機能を，クーンツ等に従ってみることにしよう．

4－2．管理の諸職能

クーンツ等が示す管理の諸職能は，大きくは企業活動の内の一つに位置づけられるが，最も重要な活動（管理活動）である管理活動を担う人たちの諸職能である．この管理活動には次の5つの諸職能が含まれている．

管理の諸職能

1）計画化（planning）

会社の使命や諸目的を選択し，それを達成するための行為を選択することである．存在する諸案（代替案）の中から将来の活動方向を選ぶ意思決定をする，ことである．

2）組織化（organizing）

諸目的を達成するためのすべての仕事が，できればそれらを最高に達成しうる人に割り振られるように，そういった意図をもって役割の構造を作り上げること，である．

3）配　置（staffing）

組織構造にある職位に人を満たし，また満たし続けること，である．仕事を有効的に能率的に達成するための人事管理を行なうことである．

図表 4 − 4　階層ごとの役割負担

トップ・マネジメント	計画化	組織化		
ミドル・マネジメント				
ローアー・マネジメント			配置・指揮	統制

4）指　揮（leading）

　組織構造内の人々が組織と集団の目的に貢献するように，影響を与えること，である．よってここには，動機付け，リーダーシップ，コミュニケーションが含まれる．

5）統　制（controlling）

　人々がすることをコントロールすることで結果をコントロールすることである．それは部下の諸目的と諸計画に対する結果を測り，どこにずれがあるかを示し修正をすること，である．

　これらの諸職能は，一連のプロセス（過程）として循環的に行なわれるものである．一般に，「プラン・ドゥー・スィーをくりかえす」といわれるが，まさにこのことである．これら諸職能の循環は，大きくは2つのフィードバック機能をもって，結果として管理活動を進化させている．一つは，5つの諸職能の実行の結果から生じる修正である．経験を生かす，ということである．もう一つは，諸職能に係わる環境へのよりよい対応，環境変化に対する反応のための修正である．

　こうした5つの諸職能に加え，「管理者としての本質（the essence of managerships）」として，調整（coodination）があげられる．これは，「集団の諸目的を達成するために必要な個々人の努力を調和させること」が必要だからである．だから，諸職能とは別にこの「調和」を取り上げ，管理者としての本

質として強調するのであろう．

参考文献
A. スミス（大河内一男監訳）『国富論 I』中公文庫，1978 年
C. I. バーナード（山本，田杉，飯野訳）『新訳　経営者の役割』ダイヤモンド社，1968 年
H. Koontz and H. Weihrich, *MANAGEMENT*, 11 th ed., McGraw-Hill, 1992.

第5章　経営管理論の展開

第1節　経営管理の研究の関心

　経営管理に関する研究の関心は，効果的な管理にあった．管理理論の始まりは企業規模の拡大によって生じてきた管理の非科学性，合理性の欠如から来る非能率の解決にあった．だが，仕事に関する科学性の追求，合理性を追求していた時代においては，仕事を担う人間個々にも，集団における人間行動のメカニズムにも関心は少なく十分理解していたとはいえなかった．ホーソン実験後，非公式組織が成員に与える影響力の大きさ，成員個々の主体的行動の影響に初めて注目が集まった．そして，こうした流れは次に，仕事における人間の自律性を統合し，いかに長期的に組織を維持するかを問題にするようになる．

　経営管理論の展開はさまざまだが，本章では，今述べた理解をもとに，経営管理の諸理論を要約していこう．

第2節　仕事の管理

　19世紀末から20世紀初頭にかけ，米国においてはテーラー（F. W. Taylor 1856-1915）が，フランスにおいてはファヨール（H. Fayol）が，後世に残る経営管理研究を残した．かれらは共通して，大量生産を目的として分業の進んだ大規模企業において非科学的な管理が横行していることを憂慮し，その問題の解決に挑んだ．彼らは，非科学的な，その場その場の成り行き管理を科学的態度をもって見定め，問題を解決しようとしていた．こうした彼らの客観的でそれ故に科学的な行為によって経営管理は学問として成立してくるのである．

　このように，経営管理論が誕生する時期においては，成り行き管理に注目が集まり，作業という仕事，管理という仕事そのものの見直しが行なわれていた．

2―1. テーラーの科学的管理法

時代背景：18世紀後半は，米国においては鉄道網の拡大が市場を拡大する可能性をもち，技術革新も進み，作業の細分化や熟練の機械への移転（単能工作機械の発展），互換性部品制度が進み大量生産方式も発展していた．そして，1873年に起きた大恐慌以後企業間競争は激しくなり，企業は企業規模の拡大とコストダウンによって競争を乗り切ろうとしていた．企業規模の拡大は必然的に熟練労働者の不足をもたらしていた．期を同じくして，米国には大量の新移民が流入していた．新移民とは主に南・東ヨーロッパの農村部出身の移民を指し，特徴として英語が話せず，技術をもたない人たちであった．こうした人々を労働力として使う場合，彼らに仕事をあわせる方法が採られたのであろう．

組織的怠業：管理面でいえば，それまで主流であった内部請負制が廃止され，給与体系は日給制から出来高給制度に変わっていった．出来高給に変われば，仕事量は増加する．2倍働けば2倍給与がでることになる．企業主はあわてて賃率を切り下げる．こうした状況に労働者が気がつくと，懸命に働くことをやめることになる．ひとりでもがんばれば，賃金は切り下げられる，という状況までもが生じ，こうした中で，組織的な怠業が蔓延することになるのである．

テーラーの科学的管理法：この状況に応えようとした団体の一つがアメリカ機械技師協会であった．彼らは工場内での合理化の運動である能率増進運動を展開していった．こうした運動に積極的に関わっていた技師のひとりにテーラーがいた．彼は，先の組織的怠業が，労働者にも企業主にとっても不幸なことだと考えた．彼は，この原因が成り行き管理にあること，そして成り行き管理が行なわれる原因には仕事の標準量を決める方式がないことを見抜くのである．こうして，彼の関心は仕事の分析と管理に向くのである．この仕事の分析は課業管理と呼ばれ，これは時間研究によってなされていた．科学的管理法の科学的とは，客観的な視点からの分析態度を指していることが分かる．

時間研究：組織的怠業はきちんとした賃金決定の基礎となる基準，すなわち

第5章 経営管理論の展開　51

図表5－1　テーラーの職能組織

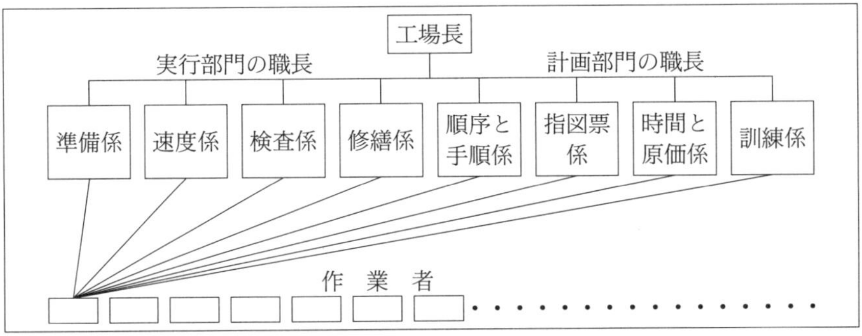

```
                        工場長
       実行部門の職長         計画部門の職長
  ┌────┬────┬────┬────┬────┬────┬────┐
 準備係 速度係 検査係 修繕係 順序と 指図票 時間と 訓練係
                            手順係  係    原価係
                    作 業 者
```

標準的な仕事量を測定することなく成り行きで行なっていたことから生じたのであった．そこで，労働者にも企業主にも双方にとって客観的な基準で標準仕事量が決まれば，双方の無意味な相互不信は消え，相互に満足のいく，高賃金低労務費が可能になると考えたのである．テーラーは，熟練労働者の作業を細かな要素単位に細分化し，要素単位個々にかかる時間を一つひとつストップウォッチで計測することを行なった．こうして仕事に要する最適時間をもとめた．同時に，最適な作業道具や，作業方法，作業工程などが同様のやり方をとおして見直されていった．こうした仕事の分析全体は課業管理とよばれた．それまで個々に行なわれていた作業上の判断や選択，時間の使い方などの行為は，最適なものに標準化されることを通して，作業する個々人の手から標準を管理し決定するものの手へ移動することになった．時間研究は，標準作業量，標準作業方法，標準作業工程などを設定することのできる画期的な分析方法と理解できる．同時に，熟練労働の分析を行ない，細分化し標準化することで，細分化した一部ならば技術をもたない労働者でもすぐに仕事に適応することを可能とした．このことは熟練労働者からの熟練の移動と理解され，なにより大量生産を効果的に可能とする道を開いたということができよう．この意味で，テーラーの経営管理への貢献はこの時間研究にあるといって過言ではない．

職能組織：作業の科学的分析に加え，テーラーは作業管理の分析を行ない，作業の細分化と平行して作業管理の細分化を行なう．それまでひとりの職長に

集中していた作業管理の業務を細分化することで専門化効果をねらったのである．このことは同時に，内部請負制から続く職長の強い権限を分散する意図が含まれていた．職能組織は，単なる業務の細分化だけではなく，計画と執行の分離を含んでいる．

業務の分離は，実行部門として準備係，速度係，検査係，修繕係がある．また計画部門では順序及び手順係，指示カード係，時間及び原価係，訓練係があった．職能組織は図のように，実行部門で4人の職長，計画部門で4人の職長，計8人の職長をもつという複雑な組織構造をもっていた．

差別的賃率出来高給：テーラーは単なる出来高給制度を改め，時間研究で得られた標準作業量をもとにして，賃率をかえることで大きな刺激を意図した差別的賃率出来高給を提案する．賃率は，標準作業量を達成した者と，それを越えた者，下回った者で区別された．上まわったものには高い賃率で支払い，下回ったものには賃率を低くした．

標準作業量を客観的なものと考えれば，この制度は実に客観的な制度といえよう．しかしながら，実際はそうはいかない．標準作業量を測定する対象の労働者が標準的労働者でない限り，純粋に標準作業量とはならない．測定する対象の労働者を選ぶ権利はまた企業主にあったし，選ばれた労働者も最も高い達成度を上げたものが選ばれていたのである．結果は，ほとんどの労働者が標準にすら達することなく，従って低い賃率を割り当てられたのである．このことは実質的に賃金の切り下げを意味していよう．

高賃金低労務費：テーラーが目指したもの労使双方の幸福は，高賃金低労務費の達成であった．確かに一見すれば高賃金低労務費は達成されたのであるが，しかし実際には利益率の拡大が優先されることになった．すなわち，賃金上昇率と労働量の上昇率が常識的な範囲で同等だったのではなく，労働量の上昇率が賃金上昇率を遙かに上まわっていたのである（海道1999）．テーラーは自分の課業管理に社会的な批判を浴びるが，自分の本意は精神革命，すなわち労使双方が互いに考え方をあらためることで労使双方の繁栄を得ることができると

いう考えをひろめることであり，労働強化を意図したものではない，と主張するだけであった．

2−2．ファヨールの管理過程論

ファヨール（H. Fayol 1841-1925）はフランス屈指の大企業であったコマントリ・フールシャンボー・ドゥカズヴィユ鉱業会社で取締役社長（1888-1918）を務めた産業界の人間であった．彼は経営者として，部下の管理者が個人的経験によって個々別々の管理を行なっている実体を憂慮し，客観性のある一般理論の確立と経営管理に関する教育の必要を感じていた．彼の経営管理への貢献は，それまで個人的な経験として客観化されなかった経営管理を科学の対象として取り上げたことである．彼は「当時支配的であった『経験的管理法』を『実証的管理法』にとってかえることがなによりも急務であると考え，その普及に努力する」（佐々木1972）ことになる．

彼はまず全体としての企業活動を6つに分類し，その中に管理活動を位置づけ，もっとも重要な活動と主張した．

管理的職能：ファヨールは企業の活動を6つの職能に分類し，最も重要な職能が管理職能であると分析した．

ファヨールが分類する6つの職能は，1）技術的職能：生産，製造，加工，2）商業的職能：購買，販売，交換，3）財務的職能：資本の調達と管理，4）保全的職能：財産と従業員の保護，5）会計的職能：財産目録，貸借対照表，原価，統計，等々，6）管理的職能：予測，組織，命令，調整，統制，であった．

最後の管理職能は，職位があがればあがるほどその重要性は高まるもの，と考えられていた．しかも，この管理的職能の5つの諸職能は順に進み，しかも循環するものだと捉えられる．ファヨールの理論が管理過程論といわれるゆえんである．

管理的職能
1）予測すること：将来を吟味し，活動計画を立てること
2）組織すること：企業の物的ならびに社会的な二重の組織を構成すること
3）命令すること：従業員を機能せしめること
4）調和すること：あらゆる活動と全ての努力を結びつけ，一元化し，調和させること
5）統制すること：すべての事柄が確立された基準と与えられた命令とに従って行なわれるように注意すること

管理することは，経営することとは区別されている．ファヨールによれば，「それは企業が自由に処分する全ての資産から可能な最大の利益を引き出すように努めながら，企業をその目的に導くこと」（ファヨール1972）である．

さらに，ファヨールは14の管理原則をあげる．管理原則は，管理職能の「機能を容易にする基準」であると理解することができる．最後に14の管理原則をあげておこう．

管理原則：1）分業，2）権限―責任，3）規律，4）命令の一元性，5）指揮の一元性，6）個人的利益の全体的利益への従属，7）従業員の報酬，8）権限の集中，9）階層組織，10）秩序，11）公正，12）従業員の安定，13）創意，14）従業員の団結，である．

2－3．フォード・システム

経営管理の理論展開の中でフォード（Henry Ford 1863-1947）を除くことはできない．彼はT型フォードの生産体制によって米国の大量生産方式を完成させた人物である．彼は，テーラーが開いた標準化の方式を複雑で大型の製品に適用し，生産全体にまで標準化を広げていった．このことで，フォードのシステムは多くの産業に適用され，多くの国でこの方式を導入していくことになった．この意味で，フォードのシステムは米国の大量生産方式でありながら，それ以上に現代資本主義生産方式ともいうことができるのである．しかし，フ

ォード・システムはテーラー・システムを強化した現代的大量生産方式，ということができよう．

　彼は，独自の経営哲学をもち，独自のシステムの開発を通して，その哲学を実現していく．彼の哲学とは，奉仕の精神であり，彼のシステムとは，標準化と移動組立方式である．

　奉仕の精神：フォードの哲学は〈奉仕の精神〉といわれるものである．これは，1）未来への恐れと，過去の崇拝を捨てること，2）競争を無視すること，3）奉仕を利潤に優先すること，4）製造業とは安く仕入れ高く売るものではないこと，である．この場合の奉仕の対象は，従業員と消費者であった．従業員には高賃金を，消費者には低価格を提供することであり，現実に彼はこのことを自らのシステムとT型フォードによって実現している．

　T型は，小型で頑丈で簡単で安価が売り物であった．1915年には100万台，1921年には500万台，1924年には1,000万台に達し，1927年製造中止までには約1,500万台が製造された．こうした量産のために1台あたりの価格は1909年に950ドル，1914年には490ドル，1920年には355ドルと低下していった．同時に賃金は，1914年には2ドル40セント，1926年には6ドルと上昇していった（工藤1974）．このようにT型を見る限り，彼の哲学は現実のものとなっている．

　フォード・システム：フォードの生産局面での具体的方式は，方法の標準化と移動組立方式であった．フォードが思考していたものは，次の通りである．

1）単一製品原則：一工場，一製品の原則．
2）工場の特殊化：工場の行程ごとの特殊化で，それぞれ適地において生産されることが経済的だという考え．
3）部品の互換性：部品の互換性は，大量生産の基本であるし，製品が多様化した場合，部品数を削減しうる．
4）製品の正確性：工場の行程ごとの特殊化や互換性を保証するには製品と製造の「精度」が必要となる．フォードは精密測定器具

作成に注目した．
5）労働の機械化：労働を極度に細分化単純化し，単純な動作の反復にまですることである．あたかも機械の反復運動の様にすることである．

ここにあげられた標準化は，互換性と一般には単純化，細分化，標準化と呼ばれるものを含んでいる．

次に，移動組立方を紹介しよう．これは2つの原則からなっている．一つは動きの無駄を省く一般原則で，他方は作業間の猶予時間を削減し，組立ラインを形成し作業の同期化を計る具体的原則である．

1）一般原則（真の原則）
① できるだけ，一歩以上動かない．
② 誰も，身体をかがめる必要はない．

2）具体的原則（組立原則）
① 作業進行順に道具と従業員を配置する．
② 原材料，仕掛品の運搬に関し作業用滑走台や他の運搬道具を用い，次の行程へ運ぶ．
③ 滑走組立ラインを用い，部品を適切な間隔で移動させる．流れ作業方式で，一部コンベアー・ベルト方式が採用された．

フォード・システムに潜むもの：現実の「高賃金・低価格」は，確かにフォードのシステムの成功によって達成されていた．しかし，テーラー以来の「労働の機械化」の傾向である，極度の細分化と細分化に伴う技能向上可能性の喪失，移動組立方による作業の他律性などによって生じるものは仕事に対する勤労意欲の喪失であった．大量生産の基本となる仕事の単純化によって，仕事そのものがもつ，それをする者に対してやる気を出させる要素が喪失してしまい，これに過重労働がくわわり，高い欠勤率や離職率が現れてきたのである．前述の高い賃金は，これを補う意味で支払われていたのである．

こうした勤労意欲の喪失に対して，たとえば動機付けの諸理論，報酬理論，

第5章　経営管理論の展開　57

職務再設計理論などが開発されてきた．また自律性の観点からは，トヨタシステム等が注目されることになった．続いて，これらをみていくことにしよう．

第3節　人間行動の管理

　成り行き管理に対する注目は，成り行き管理の非能率を是正し，高い生産性を可能としたようにみえた．しかしながら，実際には新たな非能率の壁が存在していたのである．経営管理の流れは，新たに人間行動の管理へと焦点を移していく．組織の中で人間はいかように行動しているのか，労働者はいかように動機づけられているのかが注目されてくる．

　ここでは，人間行動への注目の直接的契機となったホーソン実験と，この実験に刺激されて生じてきたさまざまな動機付け理論，それに行動科学の諸理論を以下に紹介していこう．

3—1．ホーソン実験とその産物

　ホーソン実験（the Hawthorne experiments）とは，アメリカ電信電話会社の子会社で生産に携わるウエスタン・エレクトリック社のホーソン工場で行なわれた実験のことである．当時，多くの産業の多くの企業で大量生産方式が採用されていたが，労働の単調化から労働者の生産性の低下が問題になっていた．労働者は基本的に賃金に刺激され仕事をすると考えられており，生産性を上げるための工夫として適切な仕事の手順の標準化や職場環境の改善が検討されていた．また，心理学でもこうした産業組織の人間問題を取り扱う産業心理学が存在していた．こうした中で，職場の物理的条件が労働に及ぼす実験が1924年から1932年までの8年間ホーソン工場で行なわれた．当初1927年までは全米学術研究協議会の協力を得て実験は行なわれたが問題に遭遇したため，その後をメイヨー（E. Mayo），レスリスバーガー（F. Roethlisberger）を中心としたハーバード・ビジネス・スクール産業調査部に問題解決の協力を得て実験は継続された．結果は，実験で当初求められていたものとはまったく異なるもの

であった．では，主たる実験とその結果をみてみよう．

照明実験：1924年に始まる第1回目の実験が作業室の照明度の増減が作業の能率に与える影響を測る「照明実験」であった．この実験は1927年まで続いたが，能率の変化を比較するため，作業者をテスト・グループとコントロール・グループに分け，テスト・グループの照明度を変化させることで行なわれた．結果は照明度と能率の間にははっきりした関係を見いだすには至らなかった．それは，照明度を変化させていないコントロール・グループの能率までもが，テスト・グループの能率の変化同様に変化してしまったからである．

継電器組立実験：次に，1927年から1932年にかけて行なわれた実験が「継電器組立実験」である．この実験は，電話機の部品である継電器を組み立て作業する女子工員の中から特定のグループを選び，労働時間，休息時間，作業室の温度，湿度といった物理的条件における変数を変化させるかたちで行なわれた．結果は予想外で，変数の変化と関係なく生産高は増加していき，変数の変化と能率とのはっきりした関係は見いだすことはできなかった．女子工員達は，実験のために選ばれ会社に協力を要請され重大な立場にあると感じ能率を上げたのであった．社会心理的な要因，作業に対する態度が物的作業条件よりも強く能率に影響を及ぼすと考えざるを得ない結果となったのである．

面接計画：継電器組立実験の予期せざる結果を受け，作業者が監督者や仲間との関係が仕事に対する態度をどう変えるかを探る面接計画が1928年から1930年にかけ行なわれた．面接対象が2万1,000人に及んだこの計画の目的は，面接者が作業者と面接し作業者の直接的な関心事を語らせるところにあった．結果は，明確なこたえを得ないまま終わった．しかしながら副次的な産物として，面接そのものが従業員の無用な不安を除去したり，面接が経営にとっての効果的な情報源となりうることなどが分かった．

バンク巻線観察実験：作業の能率と作業者の態度の関係を解明するための実験は継続され，バンク巻線観察実験が1931年から1932年にかけて行なわれたが，この実験がホーソン実験の最終段階となった．この実験は，巻線，ハンダ

付け，検査の3つの作用集団を綿密に観察し，彼らの社会的な関係を見いだそうとする実験であった．この結果，職場では公式に決められたリーダーとは異なる自然に従業員によって選ばれたリーダーが存在し，彼のもとで独自の規範をもった人間の関係，非公式組織が形成されていることが分かった．作業員は，独自の規範とリーダーに強く影響されていたのである．こうした非公式のリーダーと非公式組織の規範は作業員の能率に強く影響していたばかりか，彼らの欠勤や離職の防止の効果ももち合わせていたことが分かった．

発見された事実：ホーソン実験を通して発見された事実は，1）物理的作業条件と能率との間には作業者の感情や意欲といった主観的な態度が存在していたこと，2）この態度は作業員の職場で自然発生的に形成される非公式組織によって大きく影響されていること，であった．ホーソン実験後から第2次世界大戦後にかけて労働争議への対応として，ここで発見された非公式組織のあり方をいかにするかは大いに注目されたのである．

人間関係論：こうした人間関係に係わり提出されたさまざまな理論は人間関係論と呼ばれるようになった．そこから提出された施策は，勤労意欲調査，提案制度，感受性訓練といった動機付けの施策であった．こうした施策は，人間関係論が注目を集めたことに比較して現実的な経営に対して強い影響を与えたかどうかは疑問が残ろう．

3－2．行動科学の諸成果

グループ・ダイナミクス（集団力学）：この研究はナチスドイツから米国に亡命したレヴィン（K. Lewin）によって興された学問分野で，集団成員の行動とリーダーシップ・スタイルの関係という集団の力学を扱う研究であった．レヴィンは何故ドイツ国民がひとりのリーダーによって不幸な事態へと導かれたかを根元的な問題意識に据え，子どもの行動に対するリーダーのタイプとその変更の影響を研究していた（Lewin, 1936）．このタイプとは，専制的リーダー，民主的リーダー，専制的リーダーの3つのタイプである．彼のこの関心は，そ

図表5－2　マネジリアル・グリッド

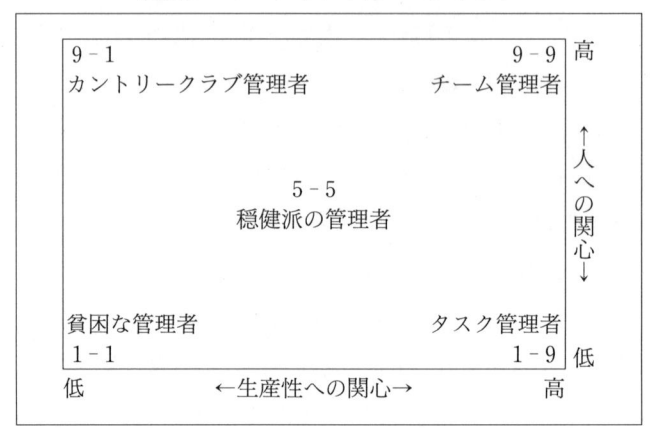

```
9-1                          9-9      高
カントリークラブ管理者        チーム管理者
                                      ↑
                                      人
            5-5                       へ
         穏健派の管理者                の
                                      関
                                      心
                                      ↓
貧困な管理者                 タスク管理者
1-1                          1-9      低
低      ←生産性への関心→     高
```

の後，職場における小集団の作業能率を如何に向上させるかというホーソン以後の関心と結びつき，米国におけるリーダーシップ・スタイル研究の基礎となったのである．

　リーダーシップ・スタイルの研究：この研究は，レヴィンが示したタイプ分けの延長上の研究であった．職場におけるリーダーの主要な関心，すなわち行動と従業員の生産性との相関性を問題にしていた．主要な関心とは，仕事と従業員の2つのことである．初期の研究の一つミシガン研究ではリーダーが部下の福祉と動機づけに重点を置く従業員中心型である方が仕事がうまくなされるかに重点を置く生産中心型よりも生産的であるとされた．初期のもう一つの研究であるオハイオ研究では，仕事に必要な事と仕事の計画が意味する事を従業員に示すことに関心のある構造作り型のリーダーと，従業員の感情に敏感で彼等によいようにと行動する配慮型のリーダーの行動で研究が行なわれた．結果として高い業績と従業員の高い満足は，2つの型の両方に深く係わっていることが分かった．この結果を踏まえブレイクとムートン（R. R. Blake & J. S. Mouton）はマネジリアル・グリッドと呼ばれるものを開発した．これは管理者の関心を人に対する関心と課業に対する関心とで測ろうというものであった．このビジュアルなグリッドは，管理者が今ある位置と，これから目指す目的地

図表5－3　フィドラーの状況変数とその場合の好ましいリーダーシップ・スタイル

状況	状況の性格							
	好意性が高い			好意性が中程度			低い	
	I	II	III	IV	V	VI	VII	VIII
成員との関係	良い	良い	良い	良い	悪い	悪い	悪い	悪い
仕事の構造化	高い	高い	低い	低い	高い	高い	低い	低い
地位のパワー	強い	弱い	強い	弱い	強い	弱い	強い	弱い
例示	管理者				監督者			プロジェクト・マネージャー
リーダーシップ・スタイル	タスク志向型（低LPC）			関係志向型（高LPC）			タスク志向（低LPC）	

が共に明示されるため，彼に行動変容をもたらす可能性をもったものとなった．

その後，リーダーシップの研究では状況理論と呼ばれるいくつかの研究が行なわれたが，その中で重要なフィドラー（F. E. Fiedler）の研究をここであげておこう．彼はリーダーシップ・スタイルの研究をふまえ，集団の業績がリーダーシップ・スタイルと状況の好意性の相互関係に依存していることを示した．

フィドラーは，まずリーダーシップのスタイルをLPC尺度を用いて分類する．LPC尺度とは，最も一緒に仕事をしたくない相手に対して感じる感情の程度を調査するのに用いられる尺度である．測定の結果の得点が高いリーダーは共に働きたくない相手に対しても比較的好意的であり，この場合のスタイルは関係志向型のスタイルが有効と考えるが，逆の場合は課業志向型が有効と考える．状況の性格は好意性が高い，中程度，低いに分けられるが，この分類はリーダーと成員間の関係性，課業の構造化の程度，リーダーの地位の程度によって分類される．フィドラーは関係志向型のリーダーは好意性が中程度である場合に有効で，その他の2つの状況の場合課業志向型が有効と考え，リーダーシップが状況によって有効性を上下させることを取り上げた．

3－3．動機付け理論

マズローの欲求階層理論：動機付けの理論への注目は，当初テーラー・シス

図表5－4　マズローの欲求階層理論

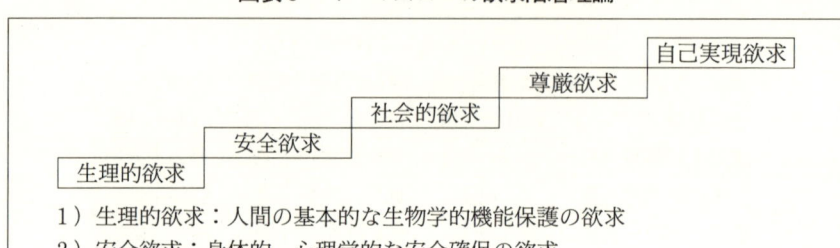

```
                                          自己実現欲求
                                  尊厳欲求
                         社会的欲求
                 安全欲求
      生理的欲求
```

1) 生理的欲求：人間の基本的な生物学的機能保護の欲求
2) 安全欲求：身体的，心理学的な安全確保の欲求
3) 社会的欲求：社会関係，愛情，受諾，メンバーシップ確保の欲求
4) 尊厳欲求：他者からの尊敬を確保し高めることへの欲求
5) 自己実現欲求：能力を発揮し高い達成感を得ることへの欲求

テムやフォード・システムにみられる単純な経済的動機付けへの反省として始まるのだが，時代の変化によるブルーカラー層の相対的減少から，ホワイトカラー層を含めた一般的な理論となって登場することになった．その中で，マズロー（A. Maslow）は人間の欲求を分かりやすく説得力をもって説明した．彼は，満たすことによってやる気を生じる欲求を，生理的・安全・社会的・尊厳・自己実現の5段階に階層化されたものとして説明する．彼は，低次の欲求である生理的・安全・社会ではなく，高次の尊厳や自己実現欲求への刺激が有効であると考えていた．欲求階層理論は，欲求がこの階層に沿って順次充足されるものだという仮説は否定されたものの，自己実現欲求よって人間が受動的な動物ではなく積極的なものであるとのマズローの提示から，広く受け入れられるものとなった．

　マクレガー（D. McGregor）は，マズローの理論をもとにXY理論を提出する．彼は，マズローの低次の欲求を刺激する管理方法をセオリーX，高次の欲求を刺激する管理方法をセオリーYとし，セオリーXではなくセオリーYの管理方法が有効的であると主張した．また，アージリス（C. Argyris）も心理学的な研究の側面から，人間のパーソナリティーが成長する可能性をあげ，マズローの高次の欲求をもった人間として取り扱うことが重要であると考えた．低次の欲求に対する管理手法をとることは従業員を子ども扱いすることであり，

決して効果的な方法ではないと主張した．こうした議論からは一見すると低次欲求が有効性をもたないかのようにみえる．しかし，ローシュ＝モース（J. W. Lorsch & J. J. Morse）が示す状況論的な研究はこうした考えが修正されねばならないことを示している．彼等は，マクレガーのセオリーYは企業の研究開発部門では有効な動機付けの方法であるが大量生産の工場においては効果的ではなく，そこではむしろセオリーXが有効であると主張した．このことは，一般化した動機付け理論が当初の目的であった工場レベルの動機付け問題に何ら回答を与えていないことを示すことになったのである．

ハーズバーグの2要因理論：ハーズバーグもまたマズローに依拠して高次の欲求に対する刺激の重要性を主張しているが，彼の理論には別の要素が含まれていた．マズローが欲求を無差別にやる気と関連させたのに対し，ハーズバーグはそうではなかった．彼は低次の欲求への刺激が不満を解消するだけのものであり，低次欲求を刺激してもやる気には結びつかないと考えたのである．一方，高次の欲求に対する刺激はやる気につながることのできるものと考えた．そして，低次の欲求と高次の欲求，これら両方の刺激の管理が必要と考えたのである．低次の欲求を刺激する要素には給与，仕事の安全性，同僚などとの関係の良好さなどが含まれ，高次の欲求を刺激するものには達成や表彰，責任や自分自身の成長などが含まれ，前者は衛生要因，後者は動機づけ要因とハーズバーグは呼んだ．企業は，人々を企業に引きつけ，つなぎ止め，貢献を導き出すことが必要となる．ハーズバーグの理論からは，引きつけ，つなぎ止めるためには衛生要因を提供し，貢献を引き出すためには動機づけ要因が必要となり，さらにこれらは二者択一ではなく同時に必要となる，という報酬の理論が生み出されるのである．

さらに，こうした理論から職務を見直そうとする流れが生じた．職務再設計理論である．職務設計は細分化の方向で行なわれるが，職務再設計では職務を統合する方向で行なわれる．この職務再設計には水平方向と垂直方向の2つの方向からなっている．水平方向のものにはジョブ・ローテーション（一定期間

で職務をローテーションする)，ジョブ・エンラージメント (＝職務拡大：職務の範囲を文字通り水平的に拡大すること)，自律的職場集団 (個人ではなく職場集団に自律性をもたせる．決定権の程度で半自律的，自律的の区別がされる) がある．フォードシステムの極度の細分化から来る単調さに対応している．垂直方向にはジョブ・エンリッチメント (＝職務充実：計画などの意思決定要素を加える) があり，テーラー以後の計画と執行の分離に対応している．このジョブ・エンリッチメントはハーズバーグの動機づけ理論に基づいている．

この職務充実の考え方は，大量生産方式が奪い取ってきた職務の自律性を再度与えることであるが，実際にこの方式を取り入れたのはフォードシステムの亜流であるスウェーデン方式 (ボルボ方式) とトヨタ方式であった．

第4節　自律性の管理

従業員の自律性をいかに管理していくか，新たな課題が管理理論に求められている．ここでは，まず従業員の自律性を管理理論の中に統合した論者としてバーナードを取り上げよう．その上で，現実の自律性の問題を取り上げよう．

4－1．バーナードの管理理論

管理の視点で集団成員の自律性を理論的に取り込んだ最初の人間がバーナード (C. I. Barnard 1886-1961) であろう．彼は，企業を含めた目的集団を協働システムとして捉える．まず，この協働システム自体が自律的な主体ととらえられる．他方，協働システムを形成する個々の人間もまた自律的な主体と見なされている．バーナードは集団成員の相互作用によって生じる非公式組織 (＝文化，集団雰囲気) が成員に与える影響力と，この文化の質を左右するリーダーの行動の大きさに注目する．彼は非公式組織を通したリーダーの行動が従業員に「確信」を与える可能性を信じ，成員の確信によって異なる2つの自律性を止揚することができると考えた．彼の著書の核心は個と全体の止揚，長期的な社会的統合に他ならない．では，順に一歩ふみこんでみていこう．

バーナードの人間観：まず，彼は生きている人間を人間の対象としている．生きているとは生活している人間，活動し行動している人間のことである．この人間は，さまざまな環境によって影響されながらも，その中で目的をもちそのために選択力を用いることができる．前述の自律性とは，目的をもち，それに対し選択を行なうことを指している．この意味で，バーナードの人間とは自律的な側面をもっている．しかし，さまざまな影響の結果としての産物である以上，他律的側面を大いにもつ存在でもある．このように，バーナードの人間観は他律的であり，自律的でもある不安定な統合物として描かれている．

バーナードの協働システム：協働システムは合目的的な存在であり，その意味で自律的存在である．この協働システムの維持には有効性と能率という2つの要素の維持を必要とする．有効性とは目的を達成する程度を示す表現である．これは標準化を含めた技術の問題であるとともに，成員がそれを行なうか否か，バーナードの表現では，貢献するか否かにかかっている．能率とは協働システムを構成する成員の満足の程度を示す表現である．有効性を支える，貢献するか否かは能率の維持にかかっている．バーナードはこの貢献を行なう貢献者を先の人間観で捉えている．従来の企業観では目的の受容を所与とするが，バーナードはこの基本的な問題を取り上げ，個人がそれを受け取ると決めた場合に限り目的は受容されると考えた．

バーナードの非公式組織：こうした個人の行動に強く影響を与えているのが非公式組織である．バーナードの理解による非公式組織は，成員個々の相互作用，活動や行動の結果，必然的に生じる心理的，価値的な存在である．非公式組織は成員の相互作用によって生じ，逆に成員の行動に強く影響を及ぼす．この非公式組織の生じる相互作用には管理者の行動が含まれる．この行動は通常業務を行なう仕方を意味している．具体的な管理者の行動が非公式組織を通し成員の心的状態や価値のレベルに大きく影響するため，この影響力をリーダーシップと呼び，バーナードは彼の理論の最後の章でリーダーシップに最大の強調を与えている．

バーナードのリーダーシップ：協働システムを維持するように成員が貢献を提供するには彼等が目的を受容し続けなければならない．協働システムの短期的ではなく長期的な維持にとっては成員の長期的な貢献の維持が必要であると考える．短期的には協働体系が提供する成員に対する誘因と成員が提供する貢献がバランスしていると成員が受け取ればいいのである．だが，長期的に安定した貢献が提供されるには，成員個々が自らの協働システムにおける行動に対し「確信」をもつことが不可欠と理解する．この確信を成員に与えることがバーナードのリーダーシップの意味である．管理者が成員に行動に対する確信を与えるためには，管理者の行動自体の安定性（責任）と，彼が目指す理想の崇高さ（道徳性）が必要になる，と考える．管理者自身の行動が確信に満ちたものであるとともに，彼を受け入れるだけの高い道徳性を彼がもっている場合，彼の確信は非公式組織を通し個々の行動に反映される可能性がある．このためには，こうした管理者をまず選択し，教育することが必要であるとする．

このようにバーナードの管理理論は，自律的人間を最大限に活性化しつづけることに優位性の源泉を見出す理論といえるだろう．

4−2．アブセンティズム

アブセンティズム：フォード・システムの移動組立方式と，極度の細分化による職務の固定はさまざまな問題を提起し，フォード・システムの限界を示してきた．これは神経疲労というものであった．これは欧米の機械化が進んだ産業において1960年代末から1970年代初頭にかけて多数現れてきた現象である．不規則なアブセンティズム（無断欠勤），一時的労働不能，ラインでの労働災害が増大し，欠陥品が増大した．これに伴い，品質管理の時間が増大し，とくにアブセンティズムに対応するために作業班編成時間，準備時間が増加し追加労働力の雇用も増加することになり，企業にとってのコストを急速に増加させていった．

ホーソン以後，フォード・システムの他律的な作業管理に対する施策がさま

ざまに研究されてきた．また，統合的な管理理論も発表されてきた．しかし，それにもかかわらず，大量生産現場における管理課題はいっこうに変化することはなかった．大量生産現場に対しては，さまざまな諸理論や施策は実質的効果をもたなかったのである．

ボルボ社の自律的作業集団：スウェーデンもまた先のアブセンティズムに悩む諸国の一つであった．その中で，ボルボ社で画期的な試みが行なわれた．ボルボ社は，カルマル工場をベルトコンベアーを廃止して自律的作業集団による効率性と生産性を意図して1974年に立ち上げた．この工場の特徴は，機械に人々を合わせるのではなく工場を人々に合わせるというものであった．労働環境面では，騒音や照明や換気を改善し，作業集団ごとに工場を区分けし大きな窓を用意し，集団ごとの入り口と休息場を設けた．ベルトコンベアーの廃止に伴い集団単位で組立が可能となるさまざまな技術上の工夫がなされた．作業組織では，先の工場設計により小さな工場で働いているように配慮された．またグループ内の調整は，労働者が直接参加するような制度に切り替えられた．こうした自律的な作業集団を前面に出したカルマル工場への投資額は他の工場より10％程度高額となったが，主力工場のトラスタンダと比較して欠勤率と退職率が低くなった．しかしながら，現在までこのボルボ方式は広く一般化されるには至ってはいない．また，ボルボ自身もこの方式をその後長くは採用してはいない．これは，ベルトコンベアーの廃止が分業によるコスト削減効果を犠牲にしたことが大きな原因であろう．

わが国の半自律的作業集団：わが国では，はやくから（1960年代）現場の小集団活動として品質管理に関する取り組みが広められていた．いわゆるQCサークルである．欧米諸国がアブセンティズムで苦しむ時期に，わが国では現場の改善活動により高い生産性を実現していた．生産ラインに関する改善責任が現場集団に与えられていて，主に就業時間外に自主的に議論され実行されてきていた．目標の設定や変更の責任をこの集団がもっていたわけではないので半自律的職場集団であろうが，分担された自らの仕事に対し職場集団を通し常

に改善策を考えていくことで単調感をもつことなく，また自律性を確保することになった．このようにわが国では大量生産ラインをなくすことなく労働者の自律性を確保（管理）したことになる．わが国企業の価格競争力を支えるのはこうした職場ごとに行なわれている改善努力を通しての生産コストの削減にある．

　オイルショック以後わが国が他の先進国を後目に成長（低経済成長期）を遂げた一因をここにみることができよう．だが，同時にこの時期，過重労働，過労死が社会問題となった．しかも，バブル崩壊までの間，大量生産現場だけではなく，教育現場から銀行など幅広い職種・業種で，しかも労働者から経営者に至るまで過密労働・過重労働・過労死が問題となった．同時に，俗に会社人間といわれる，会社に対して依存的で従属的な人間が，先の過密労働を「受容」してきたことは確かなことである．わが国のこうしたシステムは果たして一般性を得ることができるのだろうか．

　NUMMI の事例：一つの可能性をあげておこう．それは，1984 年に正式に設立された GM とトヨタの合弁事業 NUMMI（New United Motor Manufacturing, Inc.）にみることができる．NUMMI の公表資料によれば，ここにはフォード・システムでは経営側が決めていた作業標準を現場の労働者が決める方式（たとえば "jidoka"，つまり自働化）を初めとしてトヨタ方式（"JIT"，"Kanban"，"Kaizen"，"Poka-Yoke"，"Visual Control"，"Team Concept", etc.）が導入されていて，トヨタの公表資料からも充分な成果が出ていることが分かる．NUMMI は GM の Fremont 工場を使い，UAW（The United Auto Workers）との合意のもとで日本的方式を採用し Fremont 工場の元従業員達を選択雇用し操業を始めた．NUMMI で特筆すべき点は雇用契約にある．NUMMI は，「会社の長期的財務的生存能力を脅かすようなシビアな経済状況によって仕方なくそうしない限り被雇用者をレイオフしない」，という内容である．わが国の場合，終身雇用や安定雇用は会社と従業員の間の契約によって保証されているものではない．その意味で終身雇用は制度ではなく慣行であった．こうした

雇用保障契約（Job Security Clause）に始まり，NUMMIでは会社と労働組合間の良好なコミュニケーションが行なわれ，マネジメントと労働者の人間的な関係が築かれて行き，生産性を保証する結果となってきている．NUMMIで働く従業員にわが国の依存的で従属的な会社人間を重ね合わせることはできない．われわれは，自律性の管理をこの試みの中に見いだすことができるのではないか．

第5節　新世紀への流れ

　以上，経営管理に関して理論を中心に時代の流れに沿って概観してきた．ここから分かるように，今世紀初頭に登場した経営管理の理論は現代の大量生産方式の普及に伴い発展してきた．効率優先社会の中で，フォード・システムの行き詰まりが指摘されながらも，新しいシステムは世紀末の今日にあってもいまだ一般化されるには至らない．

　また，わが国はたとえば評価方法が曖昧な集団責任から個別責任の方向へと変化しつつある．年俸制や業績給を採用する企業が増え，横並びの給与体系は確実に変化しつつある．組織構造も，分社化が進み，独自の経営責任を明確にする傾向が確かである．

　IT革命といわれるほどの情報化の急速な流れは企業経営を大きくかえていくだろうが，他方で仕事が人間と切り離せない以上，経営管理の研究はさらなる発展が必要でありつづけるであろう．

参考文献
F. W. テーラー（上野陽一訳編）『科学的管理法』産業能率大学出版部，1984年
海道進『企業経営原理』税務経理協会，1997年
H. ファヨール（佐々木恒夫訳）『産業ならびに一般の管理』未来社，1972年
佐々木恒夫「訳者あとがき」『産業ならびに一般の管理』未来社，1972年
H. フォード（稲葉襄監訳）『フォード経営』東洋経済新報社，1968年
工藤達男「フォード」『経営管理の思想家達』ダイヤモンド社，1974年

K. レヴィン（猪俣佐登留訳）『社会科学に於ける場の理論』誠信書房，1956年
K. レヴィン（末永俊郎訳）『社会的葛藤の解決』東京創元社，1954年
R. R. ブレイク & J. S. ムートン（上野一郎監訳）『期待される管理者像』産業能率大学出版部，1965年
A. H. マズロー（小口忠彦監訳）『人間性の心理学』産業能率大学出版部，1981年
D. マクレガー（高橋達男訳）『新版・企業の人間的側面』産業能率大学出版部，1971年
C. アージリス（三隅・黒川訳）『新しい管理社会の探究』産業能率短期大学，1969年
J. W. ローシェ & J. J. モース（馬場，服部，植村訳）『組織・環境・個人―コンティンジェンシー・アプローチ』東京教学社，1977年
F. ハーズバーグ（北野利信訳）『仕事と人間性』東洋経済新報社，1977年
C. I. バーナード（山本，田杉，飯野訳）『新訳　経営者の役割』ダイヤモンド社，1968年
奥林康司『増補　労働の人間化　その世界的動向』有斐閣，1991年

第6章　大規模企業の構造変化

第1節　自律性を求める流れ

　経営管理における自律性への対応の必要性は，大規模企業においてはさらに顕著である．大規模企業は構造的な変革を通して自律性を確保する必要性が生じる．すでに第4章で基本的な組織構造を示したが，いずれもが集権型組織形態であった．企業が大型化するに従い，分権化の必要が市場適応能力，競争能力を含めた意思決定能力の迅速化の観点から生じ，これに見合う分権型組織形態として登場したのが事業部制組織であった．この章では，事業部制の発展過程を米国の事例をもとに紹介し，次に現在わが国で生じている大企業の構造変化を事例をもとに取り上げよう．

第2節　機能別部門組織から事業部制組織へ

2－1．機能別部門組織から事業部制組織へ

　企業は規模の拡大にあわせ製品ラインを多様化，事業構造を多角化し，製造部門が肥大化する．多様化や多角化の進展に伴い，子会社化や事業部の設立などの部分的な分権化を余儀なくされる．組織構造的には集権的な機能別部門組

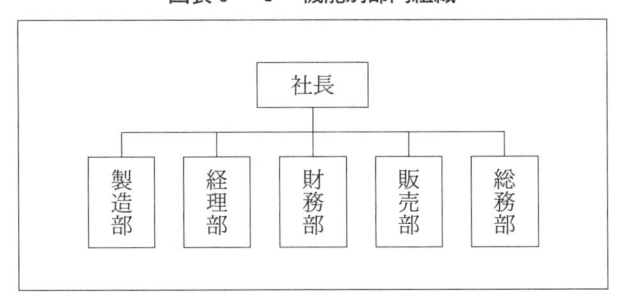

図表6－1　機能別部門組織

```
                    社長
        ┌───────┬───────┼───────┬───────┐
      製造部   経理部   財務部   販売部   総務部
```

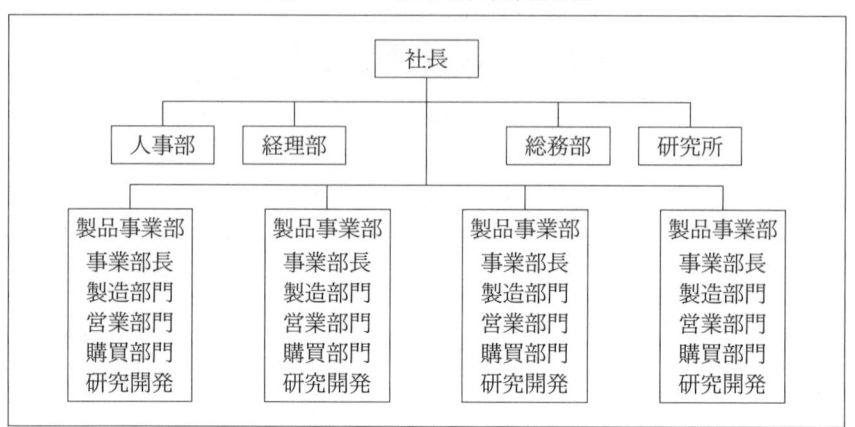

図表6－2　製品別事業部制組織

```
                          社長
        ┌──────────┬───────┴────┬──────────┐
      人事部      経理部        総務部      研究所
   ┌──────────┬──────────┬──────────┬──────────┐
  製品事業部   製品事業部   製品事業部   製品事業部
  事業部長    事業部長    事業部長    事業部長
  製造部門    製造部門    製造部門    製造部門
  営業部門    営業部門    営業部門    営業部門
  購買部門    購買部門    購買部門    購買部門
  研究開発    研究開発    研究開発    研究開発
```

織から分権的な事業部制組織への転換であろう．

　事業部制を採用した初期の企業には，デュポン社（E. I. du Pont de Nemours & Co.）とGM社（General Motors Corporation）がある．両社は1921年に第1次世界大戦の戦後不況を乗り切るために新しい分権組織を採用した．第2次世界大戦後ではGE社が1951年にそれまでの機能別部門組織から事業部制組織へと組織構造をいちはやく変換させている．これは事業規模の拡大に伴う収益性の確保を目的とした変換であった．わが国では1960年に通産省から事業部制に関する答申が出されて以後事業部制組織採用がなされ，今日多くの大企業がこの形態を採用している．こうした事業部制への流れは，経営戦略における多角化戦略によって拡大してきた．

2－2．SBU組織

　SBU組織：SBU組織とは戦略事業単位（Strategic Business Unit）組織のことである．この組織形態は，1970年代にGE社の財務問題を解決するため，事業構造の多角化にあわせた事業部制の手直しの必要性から生じたものである．GE社は，多角化した事業の中で不採算の事業からの撤退問題を抱えており，経営計画を経営コンサルタント会社のマッキンゼー社（McKinsey and Co.），

ボストン・コンサルタント・グループ（The Boston Consulting Group : BCG）などに検討を依頼していた．GE 社はこれらのコンサルティングの開発したプロダク

図表6－3　BCG の PPM 4 象限

市場成長率	花形	問題児
	金のなる木	負け犬

相対的マーケットシェア

ト・ポートフォリオ管理（Product Portfolio Management : PPM）を下敷きにして 1972 年以降同社の基本計画として行なっていった．SBU は事業部制組織の中で，事業部制組織に重ね合わせた形で，事業部門別から製品別までさまざまに定義された．SBU にはそのレベルによって相応の SBU マネージャーが任命され，彼等は高い市場指向性の追求を求められた．

PPM 管理：PPM 管理とは SBU を市場成長率と相対的マーケットシェアによって図表6－3の4象限に割り当て，効果的な製品の組み合わせを管理していくものであった．この4象限は，現実の SBU がどこに割り当てられているかをビジュアルに示すばかりか，問題児から負け犬に至る SBU のライフサイクル上の位置をも示すことができるものである（実際には GE 社は BCG の 4 象限を手直しし，9 象限のモデルを作り，用いている）．こうした管理を行なうために，GE 社は本社経営スタッフ部門を再編し，戦略計画を担う部門を創設したのである．このようにして GE 社は自社の多角化した事業群，製品群の管理に市場指向性をもたせ，かつ製品戦略的な視点をもつことができたのである．しかしながら，この管理手法は現状の分析と現状をもとにした戦略策定をする場合には有効であるが，1980 年代に訪れる急速な技術革新とグローバル化の進展の中では十分機能する戦略ではなくなっていた．

第3節　動態的組織構造

巨大企業は巨大であること故の組織構造上の弊害である意思決定の硬直性，自律性の喪失を打破するために，組織構造の動態化を図ってきた．さまざまな動態化の施策がある中で，ここではマトリクス組織，プロジェクト・チーム，

社内ベンチャー制，カンパニー制，分社制を取り上げる（カンパニー制と分社は次節で取り上げる）。

3－1．プロジェクトチーム

プロジェクトチーム：ここでいうプロジェクトチームとは，事業部制などの組織構造をもった企業にあって，特定のテーマをもち，テーマ終了までの臨時的で短期的な存在であり，社内諸部門から人材を結集する，といった特徴をもっている自律的な組織構造を意味している。処理すべき特定のテーマが社内の部門にまたがって生じた場合，その処理のため社内，場合によっては社外から必用な人材を結集し，目的を達成する組織のことである。この組織は目的を達成次第解散する性格をもっている。しかし，特定テーマが恒常的に発生し恒常的な組織が必要と認識された場合，新しい事業部門が成立する。特定のテーマとは，新製品開発や市場開拓，組織の変革，事業提携などに加え，時事的な問題，例えば ISO 14000 取得問題，2000 年問題などがあろう。

〈事例〉

2000 年問題対策プロジェクトチーム：キーコーヒー株式会社は，1999 年 4 月 1 日付で 2000 年問題対策プロジェクトチームを発足させた。期間は 2000 年 3 月までである。テーマは，社内のコンピュータ処理への対応ではない。同社はコンピュータ処理上のトラブルへの対応をすすめる一方で，得意先，取引関係企業等との関係上で発生するトラブルの可能性を探り，これに対応するためにこのプロジェクトチームを結成したのである。とりまとめには情報担当専務取締役があたり，関連部署から実務担当者を中心に編成し，おのおのの分野で想定される問題点と対応策をとりまとめ総合的な対策をとることが目的である（キーコーヒー株式会社　報道資料 1999 年 4 月 6 日から）。

3－2．マトリックス組織

マトリックス組織：マトリックスとは数学で行列のことを指す言葉である．マトリックス組織とは2つの行列の異なる部門を井桁状にクロスさせた組織をいう．クロスした部分に従業員が存在する．よって彼には2人のボスがいることになり，このマトリックス組織は「ツーボス・システム」と呼ばれることがある．図に従えば，プロジェクトAを受注した場合，これに必要な人員が各部門から集められ，プロジェクトチームを恒常的に長期的に形成することになる．マトリックス組織は一般に職能別組織と事業部制組織のミックスとして，双方の利点を活かすものといわれる．つまり，高い専門能力を必要とし，かつ，コスト意識を最大限に必要とするような規模の大きな受注製品に対応することを常態とするような産業においては，先の2つの組織形態では対応できない．こうした産業には，航空宇宙産業，エンジニアリング産業などがある．

〈事例〉

三菱化工機：三菱系の中堅エンジニアリングメーカーである三菱化工機は受注したジョブを「プロジェクト」と呼び，プロジェクトチームを編成しジョブを具体化する．プロジェクトチームの構成は，コスト・行程担当，調達担当，建設担当，プロジェクトエンジニアからなり，プロジェクトエンジニアは環境エンジニア，プロセスエンジニア，デザインエンジニア，研究開発からなる．プロジェクトは，このプロジェクトエンジニアをラインとして具体化される．

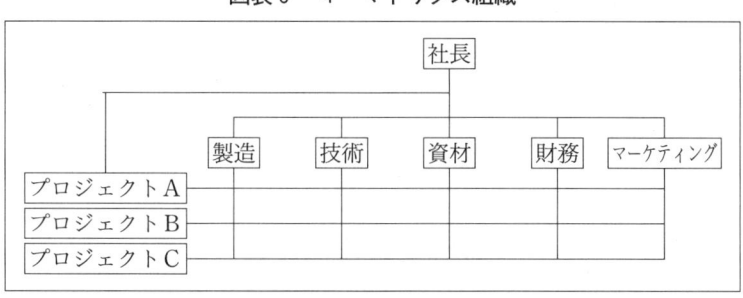

図表6－4　マトリクス組織

こうしたプロジェクトチームの構成方法は，実質的なマトリックス組織を意味している（三菱化工機　海外プラント建設　公開資料から）．

3－3．社内ベンチャー

社内ベンチャー：社内ベンチャー，社内ベンチャー制度と称するこの形態は従業員の創造性，自律性を促し，企業家精神を高揚し，自社の活力へ転化させることを目的としている．わが国ではこれまでさまざまな企業でこの制度が運用され，多くの成果を出しているが，運用の方法は各企業さまざまである．一般に共通しているのは，社内で新規事業の提案を促進し，提案された事業案で可能性のあるものに対し企業が支援をし，企業の一事業として提案者自らがその事業を行なっていく，というものである．異なる点の主なものは，事業が別会社形式とするかどうか，資金的な援助の比率はどの程度か，成功した場合の条件，失敗した場合の条件などであろう．

〈事例〉

東京電力「ベンチャー企業人公募制度」：東京電力が社内向けに1997年から募集を開始したこの制度は，先進的で創造的要素をもつあらゆる事業分野を対象にし，事業形態は独立法人（資本金の30％以上出資が条件）か社内組織を選択できる．条件は事業の採算性である．これは，単年度黒字化3年以内，累積損失解消5年以内を見込める事業であること，である．資金面では出資と支援（債務保証と貸付）で1事業あたり1億円を上限としている．人事面では，独立法人でも社内組織の場合でも失敗の場合，前所属に復帰できる．資金以外に援助は，最終選考までの間の資金的（1,000万円までの調査費用提供）組織的援助，資本金の51％から70％の出資（独立法人の場合），組織的協力，経営資源の提供などである．

この制度を利用し，1998年10月に建設関係コンサルティング業務を主に行なう「株式会社アルファプライム・ジャパン」が設立された．資本金は3,000

万円，内東京電力は33.5％の1,005万円を出資している．同社の代表は，東京電力㈱副部長が代表取締役社長となり現在に至っている（東京電力　報道資料1996年10月18日，1998年8月6日，アルファプライム・ジャパン　公開資料から）．

第4節　わが国におけるカンパニー制・分社化の時代

　バブル崩壊後，旧来のシステムがすべて崩壊していくように思えるほどの変化がわが国企業をみまっている．ここでは，主に，新しい世紀に向け生き残りをかけて模索するわが国大規模企業の動向を組織構造面で具体的にみていこう．

4−1．カンパニー制，社内分社

　カンパニー制とは：カンパニー制は社内分社，社内カンパニー制などと表現されるものである．一般には従来の事業部を「カンパニー」即ち独立会社と呼び，また担当者を「プレジデント」即ち社長と呼び，それにみあう従来以上の権限を本社機能から移譲し，個々の事業の独立性・自律性と競争力を高めることを目的とした制度である．この方式をとる企業の数はわが国において1994年にソニーが導入して以来年を追って増加している．

　カンパニー制のねらい：カンパニー制の採用にはいくつかのねらいがあろうが，一言でいえば，大きな組織構造をもった企業がスケール・メリットを生かしながら，かつ大企業病といわれる巨大化に伴う活動の硬直化を同様にクリアすることであろう．課題は，組織構造的にかつ文化的にみた構成員個々の自律性と全体としての統合にあろう．

　わが国の多くの企業はこれまで「総合化」を目指し，こうすることが競争力を高めることと考えてきたが，今後のあり方を個別事業が個々に高い独立性と競争力を有し，その上で全体として統合を行なうことでより高いレベルの競争力を目指すやり方に変更してきている．カンパニー制は，わが国の企業が国際的な共通市場において共通ルールの下で競争を勝ち抜いていこうとするときの

図表6－5　東芝の社内カンパニー制

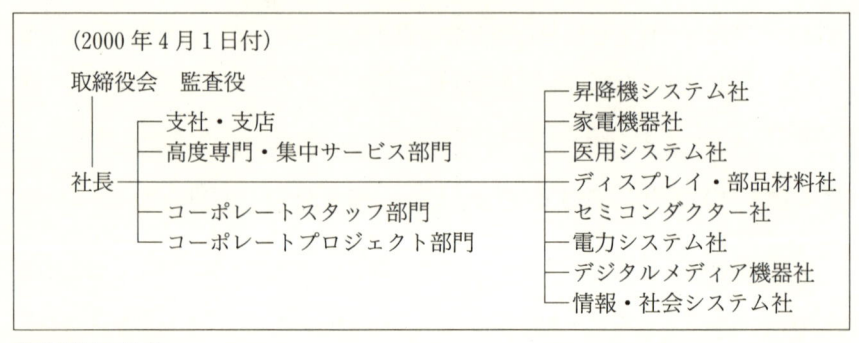

```
(2000年4月1日付)
取締役会　監査役
　│　　┌─ 支社・支店              ┌─ 昇降機システム社
　│　　├─ 高度専門・集中サービス部門  ├─ 家電機器社
社長──┤                            ├─ 医用システム社
　│　　│                            ├─ ディスプレイ・部品材料社
　│　　├─ コーポレートスタッフ部門    ├─ セミコンダクター社
　│　　└─ コーポレートプロジェクト部門 ├─ 電力システム社
　　　　　　　　　　　　　　　　　　 ├─ デジタルメディア機器社
　　　　　　　　　　　　　　　　　　 └─ 情報・社会システム社
```

東芝資料より作成

一つの施策である．だが，わが国で禁止されていた持株会社が1997年に解禁され障害となってきた法制度が整ってきたため，現行のカンパニー制は持株会社制へと移行することが予測されている．

では，以下にまず東芝の事例とソニーの事例をあげよう．この2つの企業は総合家電という同じ業界にありながら，一方はわが国で最初にカンパニー制を敷き，他方は5年遅れでカンパニー制を目指す．最後に，同じ総合家電でありすでに1985年から同様の組織形態を採用しているGE社を事例として取り上げ，対比してみよう．

〈事例〉

東芝の「社内カンパニー制」：東芝は総合電機ではなく各部が自律した複合電機をめざし1999年4月に事業グループ制から社内カンパニー制に移行した．幅広い事業分野をもった総合会社を分社することで各事業部ごとの，事業部と本社の間にあったもたれいの解消や意思決定の迅速化が大きな目的であった．15あった事業本部は8つの社内カンパニーと一つの社外カンパニーに分社された．これらの社内カンパニーを担当する業務執行役員には上級管理者以下の人事権，一定範囲で自由に予算を使える権限を与える等の大幅な権限の移譲がなされた．意思決定の迅速性，自律した経営判断，柔軟な戦略策定の可能性等

第6章　大規模企業の構造変化　79

を期待し，競争優位を得ようとしているのである．本社機能は全社プロジェクトを行なう「コーポレートプロジェクト部門」，全社戦略策定や経営監査を行なう「コーポレートスタッフ部門」，全社のラインサポートの「高度専門・集中サービス部門」からなっている．これら以外は，すべて各カンパニーにふり分けられている．東芝は，社内カンパニー制への移行を通し，グループ全体で効率の良い運営と顧客サービスの向上を目指そうとしている（東芝　公開資料から）．

〈事例〉

　ソニーの「社内カンパニー制」：ソニーはわが国でもっとも早く1994年4月から「社内カンパニー制」を導入している．それまでの事業本部制を全面改編し，多くの責任と権限を移譲し，自律的に活動することで意思決定と事業の行動の迅速化を目指した．1996年以降は出井伸之社長（2000年6月28日まで）の下で数度の再編を行ない，1999年3月まではセミコンダクタ，ディスプレイ，パーソナルAV，ホームAV，インフォメーションテクノロジー，コンピュータペリフェラル&コンポーネントカンパニー，デジタルネットワークソリューションカンパニー，ブロードキャスト&プロフェッショナルシステムカンパニー，レコーディングメディア&エナジーカンパニー，パーソナル&モバイルコミュニケーションカンパニーの10のカンパニーであった．これを同年4月には4つに改編している．改編されたソニーの組織概要は，本社部門と，カンパニー，マーケティング，R&Dからなる．カンパニーは映画事業の「ブロードキャスト&プロフェッショナルシステムカンパニー」と5つの「ネットワークカンパニー」からなっている．これらは，本社直轄の「デジタルネットワークソリューション」と，エレクトロニクス事業のコアとなる4つの事業ユニット「ホームネットワークカンパニー」「パーソナルITネットワークカンパニー」「㈱ソニー・コンピュータエンターテインメント（SCEI）」「コアテクノロジー&ネットワークカンパニー」である．さらに10月は，デジタルネット

図表6-6　ソニーの組織概要

```
(2000年2月1日付)
  グループ本社 ──────┬─(エレクトロニクス事業)
    経営戦略部門     │  ●ホームネットワークカンパニー
    コーポレートラボ │  ●パーソナルITネットワークカンパニー
                     │  ●㈱ソニー・コンピュータエンターテイメント
                     │  ●コアテクノロジー&ネットワークカンパニー
                     │  ●コミュニケーションシステムソリューション
                     │    ネットワークカンパニー
                     ├─(エンタテイメント事業)
                     └─(保険・ファイナンス事業)
```

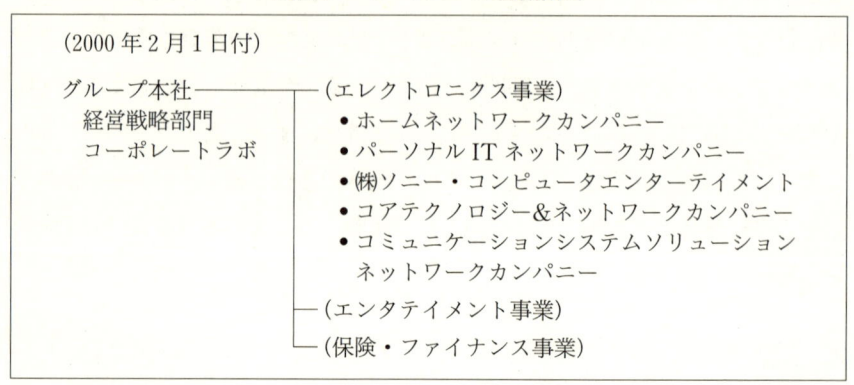

ソニー報道資料より作成

ワークソリューションとブロードキャスト&プロフェッショナルシステムカンパニーを統合しコミュニケーションシステムソリューションネットワークカンパニーを設立している．各事業ユニットには「ボード」と「マネジメントコミッティ」を設置し，これまで以上に権限を移譲し，カンパニー制のメリットを生かしながら独立した事業経営を目指そうとしている．この改編に伴い，4つの研究所を所轄のカンパニー傘下とし商品開発機能の強化を目指す．

「統合・分極型」の経営モデルを目指し，ソニーは新世紀への布石を着々と打っているように思える．彼らはすでに組織改革を終えて，新たな将来を見据えたコンセプト「ネットワーク」の下で事業を再構築し，強い自律的な文化の創造を始めている．個人個人が最大限に能力を発揮しうる個々独立した事業ユニットを作り出し，その上でソニー全体として結びつき，先のコンセプトのもとでまったく新しい何かを作り出す創造力を発揮していこうとしているのであろう（ソニー公開資料および報道資料1999年3月9日，1999年9月30日から）．

〈事例〉
　GE社のカンパニー制：広範に多角化した事業構造をもった巨大企業である

図表6－7　GE社の組織概略

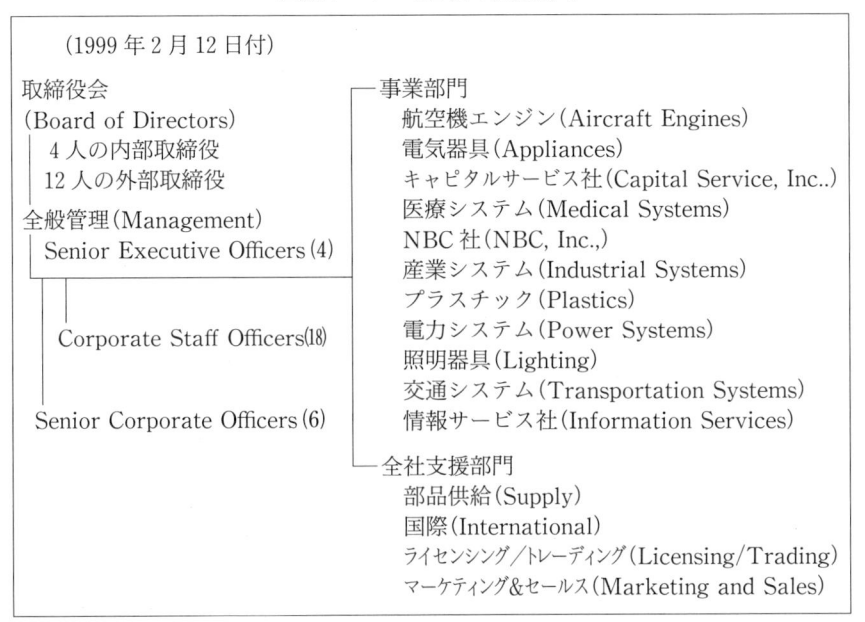

```
（1999年2月12日付）
取締役会
（Board of Directors）              ┌─事業部門
    4人の内部取締役                      航空機エンジン（Aircraft Engines）
    12人の外部取締役                     電気器具（Appliances）
全般管理（Management）                   キャピタルサービス社（Capital Service, Inc.,）
    Senior Executive Officers (4)      医療システム（Medical Systems）
        │                              NBC社（NBC, Inc.,）
        │                              産業システム（Industrial Systems）
        │                              プラスチック（Plastics）
    Corporate Staff Officers (18)      電力システム（Power Systems）
        │                              照明器具（Lighting）
        │                              交通システム（Transportation Systems）
    Senior Corporate Officers (6)      情報サービス社（Information Services）
                                    └─全社支援部門
                                         部品供給（Supply）
                                         国際（International）
                                         ライセンシング／トレーディング（Licensing/Trading）
                                         マーケティング＆セールス（Marketing and Sales）
```

1998年版同社年次報告書より作成

GE社は1985年以降現在のような事業部制をとっている．1998年度 annual report によれば個々の事業部門にはそれぞれのプレジデント（President and Chief Excutive Officer）がいて，彼等によって事業部門が運営されている．こうした個々の事業部門は1992年度以降，上級管理責任者（Senior Corporate Officers）から，上級経営責任者で内部取締役でもある4人（Senior Executive Officers＝Board of Directors）に直接管理されるようになり，同社はより自律性を高める構造になっている．彼らプレジデント達は起業家精神を最大限に発揮することを求められていると共に，従業員を最大限活性化するように求められている．同社は，すでに取り上げているわが国の「社内カンパニー」と同様の形式で運営されている．同社の11の事業部門には2つの独立した会社が含まれている（キャピタルサービス社・NBC社）．また，1996年から（annual report 1995）現在までの間に1つの事業部門（Electrical Distribution and Control) が消え，1つが名称を変更 (from Motors and Industrial Systems (96) to Industrial Systems (99)) しているなど，外見からだけでも，絶えず変更がなされていることが分かる．

GE 社は，1981 年にウェルチ (J. F. Welch Jr.) が45歳で取締役会会長に就任して以来，将来を見据え，先端技術とサービス分野の強化を彼のもとで行なってきている．参入撤退の結果，現在では先端技術分野では医療システムがあり，サービス分野では，情報サービス事業と金融サービス事業がある．しかしながら，このウェルチ会長も 2001 年 3 月には定年退職をする．ウェルチが去った後，GE 社がいかなる変化を遂げるかを全世界が注目することになろう．

さて，巨大な構造をもつ GE 社の歴史は組織構造の変革の歴史でもあった．このことは，大企業でありながら，細部において個々人が絶えずイノベーティブであるようにすることがねらいとなっていた．わが国企業との違いは，現在の組織形態を，持株会社への移行形態として捉えてはいなかった，ということであろう．

4-2. 分社化

分社化：分社化は既存の部門や事業を独立した会社組織にすることである．もちろん子会社化するわけであるので子会社戦略の一環に組み込まれているが，すでに述べたように，分社化とは企業の自律性を高めることを通し全体として競争力を高める組織構造上の戦略の一つでもある．

分社化の障壁：商法上には分社化の規定はないが，わが国では手続きが煩雑で費用と時間がかかることが問題である．だが，事業構造の変更は今後経営戦略上重要な位置を占めてくるため，1999 年 10 月 1 日の純粋持株会社の解禁（施行）に続き，会社分割制度創設や手続き期間の短縮を盛り込んだ商法改正，分割に伴う従業員保護策を定めた労働契約継承法が 2000 年 5 月 25 日に成立するなど，これまでいくつかの法改正が行なわれてきている．

分社化の現代的傾向：持株会社を想定した場合，できるだけ本社機能の軽減

を必要とする．まず資産規模の比較的小さい本社機能のスタッフ部門を可能な
ものから独立法人化する傾向がみられる（事例1から3）．また，事業部門を
分社化する傾向もある（事例4から5）．この場合，分社化によって事業構造
の再編が容易になり，同業他社との戦略的統合を含め競争戦略の策定に幅がも
てることになろう．また同時に，たとえば，出向ではなく子会社への転籍とい
う形を取ることで，事実上の定年の引き下げや給与の引き下げが行なわれ，グ
ループ全体としての人件費負担の軽減，コストパフォーマンスの向上を行なう
こと等もねらいとなっていよう．

〈事例〉

ソニーマーケティング株式会社：1998年10月に誕生した同社は，ソニーの
カンパニー制の進展に伴い分社化された．AV／ITビジネスの拡大や市場の
構造変化，顧客の購買スタイルの多様化の進行に対して，国内営業部門と販売
部門を結合することでマーケティング密着型の営業体制をめざしたものである．
換言すれば，迅速な意思決定と市場直結の販売戦略構築，各社内カンパニー間
の製品ミックスによって新しい切り口の付加価値や商品を提案，各販売会社の
優位性統合による販売力の強化，である．その為に，組織文化として挑戦的で
自由闊達であることを目指し，社員の自己責任を重視した．ソニー全体の中で
この会社の意味は，個々の独立に対する全体の統合を補完する戦略的な存在と
思われる（ソニー　報道資料1997年4月1日から）．

〈事例〉

ソニー・ヒューマンキャピタル株式会社：1999年4月に誕生した同社は，
コンサルティング事業と人事に関する総合的なサービスの企画と運営を事業内
容にして発足した．本社専門機能の人事部門の一部を分社化し，社外向けのコ
ンサルタント事業を中心に展開する．コンサルタント業務は，顧客の抱えるあ
らゆる経営課題解決のためコンサルタントの派遣を行なう．また，人事に関す

るサービスは，当面ソニーへのものが中心となるが，将来的にはソニーグループ各社，社外へのサービスへと展開させる．ソニーは経理・総務・情報システムなどの本社専門機能部門の一部をグループ本社と分離し，順次分社化していく計画であるが，同社の分社化はその一環にある．目的は，市場原理の中で競争力を高め，サービスの質，効率性，収益性の向上と共に，従業員の専門性と市場価値を高めることにある（ソニー報道資料1999年10月29日から）．

〈事例〉

MITS：MITSは1999年6月に誕生したエムエムシー・アイティー・ソリューション株式会社のことである．名前からも分かるように三菱自動車グループの子会社である．MITSは三菱自動車の経営情報システム部の業務を移管して行なわれた．業務内容は，経営・販売・物流に係わる個別情報システムの計画・開発・推進，関連会社のシステム全般の開発・支援・調整，通信・OA関連の計画・推進である．MITSは蓄積された知識によって三菱自動車関連の会社以外にも市場を開拓しようとする方向にある．

同社の分社化は1998年6月に発行した三菱自動車の中期計画であるRM 2001（Renewal Mitubishi 2001）に盛り込まれている「企業体質の強化」策の中にある「企業の再組織化と中間管理職の削減」というリストラ策の一環として行なわれた業務のアウトソーシングの1号である．同社に続き，三菱自動車クリーンカー営業部の中古車流通業務と人員が「三菱中古車販売株式会社」として分社化する（三菱自動車　報道資料1999年4月28日および同年8月31日から）．

〈事例〉

NKK（日本鋼管）の分社：NKKは1998年12月の報道資料で収益改善の諸策に加えて強固な事業基盤確立のため事業体制の見直しと人事厚生施策の改訂を発表した．内容は，鉄鋼，総合エンジニアリング事業の一部分社化と要員

削減（98年9月末から99年度末までに3,300人の削減）を中心とした人事関連策であった．この諸策には4つの分社化が盛り込まれていた．前者には京浜製鉄所，富山製造所，清水製作所，後者には福利厚生部門の分社化（1999年7月）が含まれていた．福利厚生部門は，エヌケーケー・ビジネスサポート株式会社として1999年4月に営業を開始した．同社は，グループ各社の福利厚生・給与の業務を集約することで，全体をスリム化し，かつ業務効率を高めることがねらいとなる．これ以外に，寮・社宅など福利厚生用資産の利用促進のためグループ外への賃貸なども行なう．また，京浜製鉄所の表面処理鋼板事業はエヌケーケー鋼板株式会社となり，NKKとの一貫製造による高い品質と技術力をもとに小ロット・短期納入などの市場ニーズへの対応を目指す．富山製造所はエヌケーケーマテリアル株式会社となり，国内唯一のフェロクロム製造・販売一貫メーカーとしての強みをさらに高めることを目指す．清水製作所はエヌケーケー清水株式会社となって，生産性・機動性を高めて競争力確保を目指す．これらの分社化は前述した要員削減を伴い行なわれた．

〈事例〉

日立造船の分社化：日立造船は，報道資料によれば1998年度の業績悪化に伴い1999年度までの中期経営計画［CHALLENGE-99］を打ち切り，新・3カ年中期計画［NC-21：1999年度―2001年度］を策定した．これに伴い有明工場と有明機械工場を分社化し，カンパニー別の賃金と労働条件を導入する．このうち有明工場は九州日立造船株式会社となる．この分社化によって，同社のより迅速な意志決定，コスト削減，さらなる生産性向上が期待され，日立造船にとっても戦略策定に幅がもてることになろう．同社は有明工場時代すでに総合設計システムをもとにした情報システムを完成させている．さらに，生産効率は80年代当初の3倍にまで高められており，現場に20人以上の未熟練女性作業員が働くほど作業工程は簡略化され自動化されており，文字通り世界トップ級の造船所であった．NC-21では3年間で約600人の削減案が含まれて

いるが，上記の両社では雇用条件や賃金の変更はあっても雇用は維持されることになる．まだ手もちでいくらかのジョブがあり，体力のある内に新しい戦略を実行するつもりである（日立造船　公開資料および報道資料1999年9月29日から）．

参考文献
A. D. チャンドラー, Jr.（三菱経済研究所訳）『経営戦略と組織』実業之日本社　1967年
坂本和一『新版　GEの組織革新』法律文化社，1997年

第3部

企業行動と経営戦略

第7章　企業と経営戦略

第1節　企業の行動パターンの存在

　われわれは日常生活の中で企業のさまざまな活動を目にする機会をもっている．買い物に行くスーパーマーケット，昼食で入るハンバーガー・レストラン，そして通学で利用するバスや電車．このような機会に我々は企業の行動を目にすることが容易にできる．

　さまざまな企業活動を目にして同じようなサービス，業務でも少しずつ異なった点があることに気付くことがあるのではないだろうか．同じようなレストランでも，その行動の相違はさまざまな側面でみることができるだろう．まず最も分かり易い違いとしてはそのレストランの位置する場所が挙げられるだろう．町の中心部に位置するもの．郊外の幹線道路沿いに位置するもの．さらに町から遠く離れた場所に位置するもの．それぞれ異なった場所に位置したレストランが存在している（図表7－1）．町の中心にあるレストランの利点は顧客を集めるのが比較的容易であること．さらに従業員の確保も容易である点等が考えられるだろう．逆に，欠点としてはレストランの店舗使用料が高額である点．そして他のレストランとの競争が激しい点等が挙げられるだろう．

　他方，郊外に位置するレストランの場合はどうだろうか．まず利点として考えられるのは店舗使用料が低額である点が挙げられる．そして他のレストランとの競争が町中と比較して厳しくない点が挙げられる．欠点としては顧客を集めるのが町中のレストランと比較して困難な点が挙げられる．その問題を解決するために広い駐車場スペースを確保する必要があり，その費用負担がより重くなる点が挙げられる．

　このようにレストランの位置する場所の相違について，それぞれのレストラ

図表7－1　異なるレストランのパターン

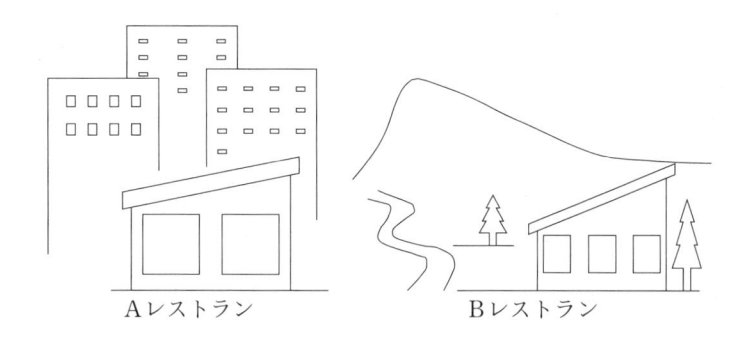

　　　　Aレストラン　　　　　Bレストラン

ンは上で述べたような利点，欠点を十分に検討し，一定の考えに基づいてそのレストランの位置を定めているのである．

　場所のほか，レストランで提供するメニューにも相違は存在しているだろう．Aというレストランでは和食中心のメニューで，しかも大衆向けのメニューで価格も安く量も多くなっている．他方Bというレストランは洋食中心で高級なメニューを揃えており，価格も高く設定されている．量も比較的少な目で提供されている．

　ウェイトレスのサービスもAレストランでは必要な時だけ呼んでサービスを頼むシステムになっている．これとは対照的にBレストランではウェイトレスはテーブルの近くに待機していて絶えずサービスを提供できるように配慮されている．このような提供されるサービスの相違もわれわれがよく目にするものである．

　さらに，このサービスと関係して提供される料理の調理の違いも存在している．Aレストランでは解凍機器を用いてレストランの調理場で素早く解凍して，人の手を若干加えて料理を提供するという方式が採用されている．冷凍した食材はAレストランが属している大手レストラン・チェーンの集中調理センターから毎日配送されてくる仕組みになっている．調理は簡単でパートタイムの人でも対応できるようにマニュアルが作られており，人件費が低く抑えら

れている．

　他方，Bレストランでは冷凍の食材を用いた料理はまったく提供しておらず，新鮮な食材を毎日仕入れており，それを熟達した調理人が一品ずつ注文が入ってから調理するという方法が採用されている．そのために一品一品を時間をかけて調理し，それをウェイトレスが配膳し，サービスするシステムになっている．その結果として人件費は当然増えることになる．しかし料理の味覚が美味しいことがこのレストランの特徴になっている．

　以上のようなA，Bというレストランと似たような状況は，われわれのよく目にする光景であるだろう．この2つのレストランの間のさまざまな相違はそれぞれ一定の一貫性をもって存在している．その一貫性をもった企業行動のパターンはさまざまな理由から生まれたものと理解できるだろう．ある場合にはそのレストランの従業員達の個々の無意識な行動が結びついて全体としてみると，一定の行動パターンが形成されるという場合が考えられる．その場合，個々の従業員は無意識でも，一定の価値観が共有されており，それによって従業員間に共通した行動パターンが形成されていると考えられるだろう．

　この場合と対照的なのは意識的に経営者が行動パターンを形成する場合である．経営者が意識的にレストランの場所，サービス内容，メニュー，そして調理法，人といった経営資源を有機的に結びつけてレストランを運営している場合が考えられる．この場合にはまず経営者はレストランを自分なりにどのようなものにしたいかという強い理想像を抱いているものと考えられる．その理想とする未来像に基づいてそのレストランに必要とされる具体的な目標が考えられる．次にその目標に基づいて，理想とするレストラン実現のための具体化のステップが考えられる．この段階ではさまざまな事柄が考えられることになる．レストランを取り巻くさまざまな環境要因について検討が加えられることになるだろう．レストランを利用する顧客，そこで働く従業員の能力・勤労意欲，そして競争相手のレストラン，レストランに食材を納入する納入業者，資金の融資を行なう金融機関，株主，レストラン周辺の地域住民についてさまざまな

視点から検討が加えられることになる．そしてレストランの場所，サービス内容，メニュー，調理法について一定の具体的な方法が選択されることになる．その選択された方法が組み合わされてそのレストランに一定の行動パターンが生まれることになるのである．

このような上記2つのレストランのケースパターンは極端なケースではあるが，実際にも存在している．しかし最も多いのはこの2つのケースの中間にある場合と考えられるだろう．経営者がどんなに意識的に詳細に検討して選択を行ない実行した場合であっても，まったく予期できなかった偶然によって正反対の結果になったり，逆に予想以上の結果になることがある．このような偶然が生じる原因は一様ではないが，レストランを取り巻くもろもろの要因の変化を十分に予測することが不可能であることがその最大の理由である．とくに変化スピードが速く，その度合いも大きい状況ではこの偶然の頻度が高くなるといえるだろう．

レストランの経営者はこのようなレストランを取り巻く環境の変化を予測できない事態に直面して，手をこまねいている訳にはいかないだろう．一定のリスクを覚悟して選択することが経営者に求められているのである．したがって，企業行動のパターンはレストラン従業員の無意識的な行動，経営者の選択，そして環境上偶然が結びついて生まれているといっていいだろう．

第2節　企業行動パターンと経営者の意思決定

先に述べたレストランの例から理解できたことは，まず企業行動には一定のパターンが存在する点である．そのパターンは表面上は同じようにみえる場合でも，個々の企業行動を詳細にみると異なっていることが分かるだろう．行動パターンの違いはさまざまな点に存在するだろう．この行動パターンの違いは企業を取り巻く環境，企業のもつ経営資源，そして企業の経営者，管理者の意思決定能力によって規定的な影響を受けているといえよう．経営者・管理者の意思決定はさまざまな諸要因を十分に検討して行なわれているといえるだろう．

このような意思決定は戦略的意思決定（strategic decision-making）と呼ばれている．この戦略的意思決定は，企業の行動パターンを長期的な視点から形成することを目的とする意思決定であるといえるだろう．つまり長期的な視点から当該企業が競争上，ライバル企業に対して優位性を確立したり，強化するための意思決定である．しかし，この意思決定によってだけで企業の行動パターンが形成される訳ではなかった．さまざまな予測できない環境での偶然，従業員の無意識的な行動パターンと結びついて実際の企業行動に一定のパターンが形成されていた．

経営戦略は，広義にはこのような原因によって生ずる企業行動のパターンとして理解することができる．レストランが町の中心部に出店しても，別のレストランも予期せずほぼ同時期に出店することもある．また従業員もレストランの運営に適していない価値観をもっていることもありえるだろう．結果として経営者が考えていた行動パターンとは異なった企業行動パターンが生まれることが考えられる．このような場合でも予期せざる結果がかえって良い企業業績に結びつくこともある．広義の経営戦略は経営者の意思決定が企業行動を全て決定するのではなく，他の要因にも大きく影響を受けており，決して経営者の思う通りになるものではないという事実を表現するものである．

経営戦略の定義は上記のような広い定義のものだけでなく，限定した定義も存在している．経営者の意識的な意思決定上の事柄として位置づける考え方である．先の例でいえばレストランをどのようなものにするのかという点について価値観，経営理念に基づいて一定の選択が行なわれていた．またレストランの立地，メニュー，サービス等について選択がなされていた．この選択は大きく分けると第1にレストランはどのような顧客を対象として，どのようなメニュー，サービス等を提供するのかという選択である．いわば生存領域とそこでの活動を明確にどのようなものにするのかという選択である．高級レストランで町中でウェイトレスによるサービス提供を行なうのか，大衆向けレストランなのかという選択がなされなければならなかった．一般に，このような事柄は

事業領域（ドメイン）の決定と理解されている．事業領域の選択はまた先に述べたように経営者の価値観，経営理念に基づくものであり，事業領域の選択という経営者の意思決定には価値観，経営理念の選択という決定も含まれることになる．経営者が安く良いメニューを提供することを自己の価値あるものと考えるのか，高価で良いメニューで，しかもウェイトレスによるサービスを重視するのかが選択されることになるのである．

　次に選択された事業領域で企業活動を行なうために経営資源の分配とその蓄積についての決定が行なわれることになる．経営資源をどの事業領域にどの程度を分配するのかが決められなければならない．その場合にも分配パターンについての選択が必要になる．次にこの分配された経営資源が用いられて企業活動が実現されることになる．しかし，企業活動の実現プロセスでは経営資源は費消されるだけでなく，その蓄積と強化もされなければならない．この蓄積と強化によって当該企業がライバル企業に対して一定の競争上の優位性をもてるようになる必要があるからである．

　経営資源についてはまだ明確な定義もないが，一般にヒト，モノ，カネ，情報的経営資源に分けられる．とくに，この中でも情報的経営資源の重要性が大きくなってきている．情報的経営資源には技術，市場情報，各個人のもつ技能 (skill)，そしてブランド，文化，価値観といったものまで含まれている．これらのものを蓄積，強化するためには一定の時間，方法，コストが必要とされる．この蓄積と強化を効率的に遂行できるかどうかがまた競争上の優位性をもてるかどうかを規定している．

　以上，大きく分けて2つの領域が経営戦略の主要な課題とされている．

第3節　経営戦略のプロセス

3−1．経営理念とビジョン

　経営戦略と関係したものに経営理念とビジョンがある．一般的に経営戦略を説明する場合，これらのものも含めて表現することもあり，その関係は密接で

ある．経営理念は一般的には経営戦略を策定する前提とされるものである．経営理念はその企業が重要と考えている価値観や規範を示すもので，その企業のすべての従業員が意思決定し，行動するさいに必ずこの経営理念に基づくことが求められるものである．このような経営理念も時代とともに変化してきている．従来の単一的な経済的価値観のみの経営理念では生活者としての消費者や地域住民，さらには企業の活動を担う従業員といった当該企業の利害関係者達の共感を得ることはもはや出来なくなってきている．そのために社会的に公正な行為，環境への配慮等への問題意識を取り入れたより複合的な価値観，行動規範をもつようになっている．広範な内容の中にもその企業の今後の方向性を示す事柄が示されている．たとえば日本IBMのケースでは情報産業の変革をリードする会社であることが経営理念の一つとして示されている．これは日本IBMがこれからの方向として情報産業での企業活動をその業務としてゆくことを示すものであり，将来の展望・ビジョンを示すものとして理解できる．

企業によってはこの経営理念には，より一般的に「ほんものの追求を通して社会に貢献する」（日本コーリン株式会社）とか「私たちは世界のひとびとになくてはならない存在でありたい」（三菱電機），さらには「わたしたちは新しい価値の創造を通して社会に貢献します」（東レ）といった内容のものもある．その場合にはこの経営理念の他に「経営基本方針」とか「行動指針」というより具体的な価値観を意味したものも併せて示すものもある．その場合にもこの価値観と一体となった将来のビジョンを示すものも存在している．このように経営理念と呼ばれるものの中にはさまざまな呼称が存在している．整理すると価値観，行動規範とビジョンが一般的にはその内容になっている．しかし場合によってはビジョンが経営理念とは別に示されるケースも存在している．その場合にはビジョンについての詳細な検討が加えられていることが多く，その実現を強く意識している企業の場合が多い．

一つのケースとして，日本ビクターの例を示しておくことにしよう．日本ビクターは，1927年（昭和2年）に設立された歴史の古いオーディオ

中心の企業として発展してきている．この企業の経営理念は「経営基本方針スローガン」として示されており，「文化に貢献　社会に奉仕　ビクターマークは世界のマーク」という一般的な価値観を示すものになっている．このスローガンから分かるのは文化へ貢献する，社会に奉仕するという価値観が日本ビクターの行動規範であり，世界的に活動することも行動規範になっていることである．しかし，このスローガンでは将来のビジョンについては何も示されていない．このようなものとは別に「ビクタービジョン」というものが存在している．このビジョンでは，「ハードとソフトで新しい価値をプロデュースする企業」という未来の姿が示されている．図で示すと，図表7－2のようになっている．日本ビクターのもつ経営資源の特徴は，ハードの技術力とソフト（コンテンツ）の総合力である．この総合力をユーザーのニーズに結びつけてさまざまなサービス，新しいコミュニケーションやエンターテインメントを提供し，演出していくことが将来の方向性として考えられている．21世紀は新しい技術や産業構造についてマルチメディアを中心とした社会が予測されている．このような未来に対してユーザーの立場から必要とされる技術や企業経営のあり方を見極めてビジョンが示されている．このビジョンの策定は単なる「夢」を示すのではなく，企業を取り巻く環境変化のトレンドを予測し，自社内の経営資源の状況を把握した上でビジョンは示されなければならない．ただし，このビジョンはあくまでも数字とか予定期日とか，担当部署について詳細に明記されるものではあってはならない．あくまでもその未来へのビジョンを実現するための全従業員の知識の創造性を引き出すためのものであり，自由な発想，考え，さらには夢を織り込んだものでなければならない．そうでなければ企業の成長を担うべき従業員のやる気を消し去ってしまうことになる．

　日本ビクターのビジョンの概略は既述の図表7－2に示されるが，ハードとソフトで新しい価値をプロデュースするという「PRODUCE YOUR IMAGINATION」がキーワードになっている．この例から分かることは，ビジョンからさまざまな考え，可能性が生まれる余地があるという点である．しかしま

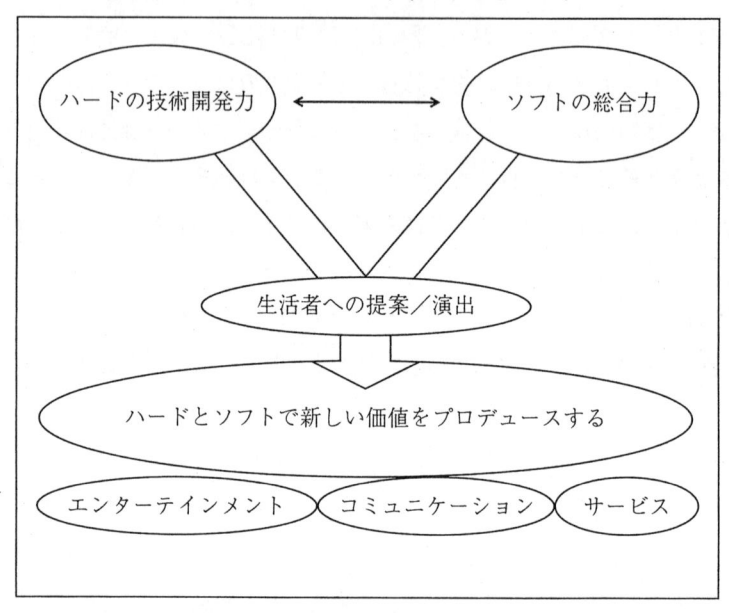

図表7-2　日本ビクターの未来のドメイン・イメージ

```
┌─────────────────────────────────────────────┐
│  ┌──────────────┐          ┌──────────────┐ │
│  │ハードの技術開発力│ ←――――→ │ ソフトの総合力 │ │
│  └──────┬───────┘          └───────┬──────┘ │
│          \                        /          │
│           \                      /           │
│          ┌──────────────────────┐           │
│          │  生活者への提案／演出  │           │
│          └──────────┬───────────┘           │
│                     ↓                        │
│  ┌─────────────────────────────────────┐    │
│  │ ハードとソフトで新しい価値をプロデュースする │    │
│  └─────────────────────────────────────┘    │
│  ┌─────────────┐ ┌─────────────┐ ┌──────┐  │
│  │エンターテインメント│ │コミュニケーション│ │サービス│  │
│  └─────────────┘ └─────────────┘ └──────┘  │
└─────────────────────────────────────────────┘
```

日本ビクター会社概要より引用

た単なる夢であってはならない．そのためにはまず企業を取り巻くマクロの政治，経済，自然環境等の変化の方向性を十分に予測することが必要とされている．10年後，20年後の企業環境の変化を予測することは予側者本人の考えを多分に反映することを意味しているだろう．どのような企業であってほしいかが検討され，ビジョンに反映されることになる．このようなプロセスは現在ではトップマネジメントだけで行なわれたり，一部のミドルマネジメントを中心にプロジェクトチームがつくられ，ビジョンの原案が策定される場合もある．このようにして作成されたビジョンが次のプロセスの基礎として用いられることになる．

　経営理念，ビジョンが示されることで企業の未来の姿と各従業員が従うべき行動の指針が示されることになる．

3－2．経営目標と狭義の経営戦略

ビジョン，経営理念が決められた後でビジョンを実現してゆくための段階が具体化されなければならない．ビジョンを一度に実現することは出来ないので，具体的な段階を示してゆく必要がある．

そのためにはまず，売上高，各経営資源の質と量等，主要な指標の具体的な目標数値を期日を決めて示す必要がある．この経営目標は3年から5年の中期的な期間のものとして示されるのが一般的である．この経営目標を実現するために狭義の経営戦略が策定されている．経営戦略は，企業を取り巻く環境と当該企業に属する経営資源を前提条件にして策定される目標達成のための基本的手段を示したものといってよいだろう．基本的手段を決めるためには，まずその当該企業の事業活動の領域を具体的に示してゆかなければならない．

他方，企業に属する経営資源についても特定された経営目標を達成するために経営資源の利用という面だけではなく，その獲得，蓄積についても併せて具体的に計画化されなければならない．それによって5年後，10年後にどのような経営資源をもち，どのような事業活動を行なうかが決まってくるのである．

上記のように大きく2つの側面からの決定が行なわれ，そのための3年から5年の中期的な計画が策定されることになる．この狭義の経営戦略の策定が行なわれるとそれを実行するための方策が必要になってくる．経営戦略の具体的な実行のためには当該企業の全従業員が一致協力して取り組む必要がある．企業の全従業員が戦略の実行に取り組むためには一定のルールがつくられる必要がある．さらにそのルールは，各従業員が自らの仕事を遂行するさいのルールとして具体化される必要がある．

先の日本ビクターの場合には，経営目標は2000年度末に連結売上高1兆2,000億円，単独売上高8,300億円，経常利益率5％になっている．この目標を達成するための狭義の戦略は，(1)グローバル連結経営の推進．(2)事業の選択と集中．(3)構造と体質の改革が挙げられている．これらの戦略は，さらに詳細な方策に具体化されている．そして各業務の担当者はこれらの具体化され

た戦略を実行するための意思決定を行なうことになる．そのための意思決定のルールとしても戦略は具体化されることになる．このようなルールになることによって経営理念，ビジョン，経営戦略，そして意思決定のルールが首尾一貫性をもって確立されることになる．このような一貫性が確立されることによって企業の行動に一定の行動パターンが形成されることになるのである．企業行動のパターンはこのような各企業で策定された戦略の相違から生まれていたのである．

3—3．経営戦略策定のプロセス

狭義の経営戦略の策定は3年から5年に一度の頻度で行なわれるのが一般的とされている．しかし3年・5年という時間の経過の間には企業を取り巻く環境の変化が当然生まれることになり，経営戦略と客観的な状況との間に大きな乖離が生まれることがある．このような乖離を埋めるために毎年，経営戦略の見直し作業を行なう企業も存在している．見直すことでその経営戦略の実行可能性を高くすることが出来る．この経営戦略の策定プロセス自体は一般的に7つの段階に分けて考えられる．ホファー&シェンデル（C. W. Hofer and D. Schendel）の示すモデルの各段階は，以下のような内容になっている．

(1) 戦略の識別：現在の戦略と戦略構成要素の評価
(2) 環境分析：主な機会と脅威を発見するための特定の競争環境と一般的環境の評価
(3) 資源分析：第4段階で識別される戦略ギャップを縮小するのに利用できる主な資源と能力の評価
(4) ギャップ分析：現在の戦略の変更が必要かどうかを決めるために，環境における機会と脅威と企業の目標，経営資源，能力を比較・分析する
(5) 戦略代替案の策定と識別
(6) 戦略評価：戦略代替案について評価する
(7) 戦略選択：戦略実施の立場から戦略代替案を選択する

以上のような戦略策定プロセスは単純化されたものであり，実践活動ではより複雑になっている．しかしこの基本的なプロセスの意味を理解することが意味ある戦略策定を行なうための出発点といえるだろう．

実際の戦略策定プロセスは戦略のレベルの違いに伴って，さらに相互の関連した複数の戦略策定プロセスの連鎖という形態になっている．しかし一般的な策定のステップはほぼ同様と考えられる．

参考文献

C. W. Hofer and D. E. Schendel, *Strategy Formulation : Analytical Concepts*, West Publishing Company, 1978.（奥村他訳『戦略策定』千倉書房，1980 年）

日本経営協会編『わが社の経営理念と行動指針』日本経営協会総合研究所，1999 年

山根節，山田英夫，根来龍之『「日経ビジネス」で学ぶ経営戦略の考え方』日本経済新聞社，1993 年

第8章　経営戦略の諸概念

第1節　諸学派の存在

　戦略概念は，古くは軍事的な概念として用いられてきている．そこでは戦略は軍事力行使の在り方として理解されてきた．また外交上の交渉の在り方という意味でも広く戦略という言葉が用いられている．他方，経営学の研究領域の中で，戦略論が注目されだしたのは1960年代後半以降になってからであり，研究領域としては比較的新しい研究分野である．そのために多面的な視点からのアプローチが行なわれており，戦略概念自体もまだ統一したものになっていない．本章では，このように多様な戦略概念について歴史的な企業環境要因の変化と関係させて，その特徴を紹介してゆくことにしよう．

　まず戦略概念について簡単にみておくことにしよう．戦略概念を巡ってはさまざまな学派の存在が指摘されてきている．学派分類の基準が異なることで多様な分類が可能となると考えられる．H. ミンツバーグ（H. Mintzberg）は，以下の10の学派の存在を指摘している．

　　デザイン学派，計画策定学派，ポジショニング学派……規範学派
　　認知学派，企業家学派，学習学派，政治学派，
　　文化学派，環境学派，形成学派　　　　　　　　　｝……記述学派

　この10の学派は，大きくは規範学派と記述学派に区分できる．規範学派は戦略策定の具体的な方法について多くのものを提示してきている．他方．記述学派は戦略の策定と実行のプロセスの実態についてさまざまな視点から分析を行なっている．

　以下では，それぞれの学派の中から代表的で現在でも注目されている理論を取りあげ，その概要を説明することにしよう．

第8章 経営戦略の諸概念　101

第2節　アンゾフの戦略概念

　規範的な戦略論の多くは，1960年代後半のアメリカで生まれている．代表的な研究者にはアンゾフ（H. I. Ansoff），アンドリュース（K. A. Andrews），そしてコンサルタント会社のボストン・コンサルティング・グループ（Boston Consulting Group：BCG）がある．

　1960年代アメリカでは，大企業の多角化が進展し，さらに多国籍化が急速に進展していた．1965年にアンゾフの『企業戦略論』は出版されている．アンゾフの戦略概念は，この多角化・多国籍化を行なうために従来の経営学の対象とされていた企業の日常業務についての管理と異なる戦略的意思決定（Strategic Decision-making）についての分析的枠組みを提示し，多角化・多国籍化した企業の分析を行なおうとするものであった．このような戦略的意思決定概念を鍵にして具体的な戦略的意思決定のための分析手段として戦略概念が位置付けられており，実践的な性格をもったものになっている．アンゾフによれば戦略は戦略的決定を行なうさいに用いられるルールのセットであるとされている．そのセットの中には，以下のものが含まれる．①企業の現在と将来の業績を測定する尺度．通常はこの尺度の質は目的と呼ばれ，量は目標と呼ばれるとしている．②企業と外部環境との関係展開のルール．つまり，どのような製品―技術を展開するのか．何処で誰に対して製品を販売するのか．どのように競争相手に対して競争上の優位を獲得するのか．このようなルールのセットが製品市場戦略，もしくは事業戦略と呼ばれるものである．③組織内部における関係とプロセスを設定するルール．通常は，管理戦略と呼ばれるものがある．④自社が毎日の事業を行なう際のルールで，日常業務についての方針．以上の4つのルールのセットからなるものが戦略であるとしている．アンゾフの戦略概念は戦略的意思決定のルールのセットという以外に必ずしもその内容が十分に明確化されてこなかったが，1960年代のアメリカ企業の問題意識を明確に示すものであったといってよいだろう．とくに，企業の多角化に対応す

るために基本的方向としての事業領域を決定するさいの決定ルールを明らかにすることが強く意識されている．そのさいに競争優位性，特に製品市場における優位性を確立するためのシナジー効果の明確化が行なわれている．これらの分析を行なうことで企業の多角化を促進することを提唱している．しかしその戦略的決定の課題，さらにはルールとしての戦略の内容についての体系的な分析は十分にされていなかったといえよう．

第3節 ボストン・コンサルティング・グループ（BCG）の戦略概念

BCGは1963年に設立された経営コンサルティング会社で，当時のアメリカ企業の多国籍化，多角化に対してコンサルティング業務を通じて大きな影響力を与えた．BCGはそれまで過去のしきたりや経営者の個人的勘に頼って創られていた経営戦略に対して戦略作りの作業速度を速める助けになる思考法や技法を提示しようとしたのである．

BCG会長のB.ヘンダーソン（B. Henderson）は，戦略についてその概念を定義することはしておらず，優れた戦略とは今の均衡状態を崩して，もっと自社に有利な均衡関係を創る手段だとしている．つまり，競争相手の出方に応じて相手を出し抜くというのが優れた戦略であるとしている．とくに，財務上の手法を巧妙に使った分析的な戦略技法を提示しようとしていた．そのために定量化という視点から戦略要因が分析され，定量的技法が開発されている．

定量的技法の具体的な分析概念として考案されたのが習熟曲線（learning curve）と経験曲線（experience curve）である．これらの概念は企業のコストが累積生産量の関数で，一定のパターンをたどることを表現するものであった．この曲線を用いることでコスト，マーケット・シェアと利益額との関係，価格予測が可能になった．そのような計算によって，正確な予測が可能になり，それに基づいて計画をつくれると考えられたのである．こうして戦略は前もって計画として策定することが可能になったのである．BCGでは戦略計画（strategic planning）という用語も用いられるようになった．この戦略計画では市場の成長率と市場シェアの異なった製品群のポートフォリオをもつことが必要とされ，それを行なうための資金投入の技法が考案された．それが製品ポートフォリオ管理（Product Portfolio Management＝PPM）と呼ばれるものである．この経験曲線，習熟曲線，そしてPPMが1960年代における経営戦略論の代表的技法とされ，広範に利用されるようになった．

3－1．PPM

PPMは企業の長期的な資金配分を決定する有効な技法であり，また有効な理論でもある．多くの製品ラインを特徴づける要因として，① その製品市場の成長率 ② その製品市場における自社の競争上の地位（相対的マーケット・シェア）があげられる．PPM理論では，この2つの要因の関数として製品ラインにおける現金の流出入が規定されるとされている．またこの関係は図表8－1の4つの象限について均衡のとれた製品の組み合わせが必要とされる．すべての製品はこの4つの象限のいずれかに区分され，どの象限に属するかによって企業の戦略上の意義は異なってくる．4つの象限は企業の長期的な資金配分を考える際の基本的な枠組みになっている．

① 「金のなる木」…………高シェア・低成長率
② 「負け犬」………………低シェア・低成長率
③ 「花形」…………………高シェア・高成長率
④ 「問題児」………………低シェア・高成長率

企業のもつ製品・事業単位について，それぞれ市場の成長率と相対的マーケット・シェアという2つの座標を尺度として4つの象限に応じて分類される．そしてそれぞれの象限の特徴が上記のように示される．各象限に分類された製品について資金需要額（投資必要額）は，その製品・事業の成長率によって規定される．成長率の高い製品・事業への投資額を積極的に増大させる必要がある．他方，資金の創出はその市場での競争上の地位つまり相対的マーケット・

図表8－1　PPMの4象限

	高	低
高	花形	問題児
低	金のなる木	負け犬

市場成長率（縦軸）／相対的マーケット・シェア（横軸）

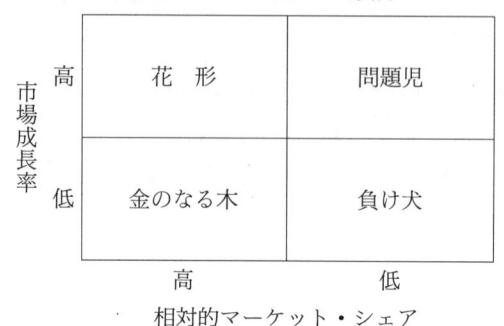

出所）J. C. アベグレン／ボストン・コンサルティング・グループ『ポートフォリオ戦略』プレジデント社，1977年，p.71を一部修正

シェアによって規定される．

「花形」商品は利益も大きいが，資金需要も多い．そのため他の象限へ廻すだけの資金流出は不可能とされている．

「問題児」商品は市場の成長率が高く，将来性の高い商品であるが相対的マーケット・シェアが低いために利益は少なく，資金流出も少ない．しかし将来性の高い商品であるために将来への投資を行なう必要がある．そのため資金需要はきわめて高くなる．

「金のなる木」商品は相対的マーケット・シェアが高く，利益も高い．したがって資金流出は多くなる．しかし市場成長率は低いために資金需要は少なく，この象限から他の象限へ廻る資金流出は多くなる．

最後の「負け犬」商品は，相対的マーケット・シェアが低いため利益も低く資金流出は少ない．また市場成長率も低いために資金需要も少ない．そのために，この象限からの少ない資金流出はこの象限での資金需要に向けられるだけになる．こうして，4つの象限の中で「金のなる木」は資金需要の大きい他の象限の商品のために資金を生み出す役割を果たすことになる．さらにはその企業の外部資金調達能力を高めてくれることになる．「金のなる木」に属する商品を多くもち，そこから生まれる資金を成長可能性のある「問題児」商品へ投入し「金のなる木」に育て上げるか，研究開発に投下して直接に「花形」商品を造り出すことが企業の存続成長の鍵になる．こうして資金配分に関して以下の図表8－2のように行なうことが求められことになる．

次に，各象限に属する商品に関する具体的な方策が考えられなければならない．まず「花形」商品は現在のマーケット・シェアの維持または拡大が方策と

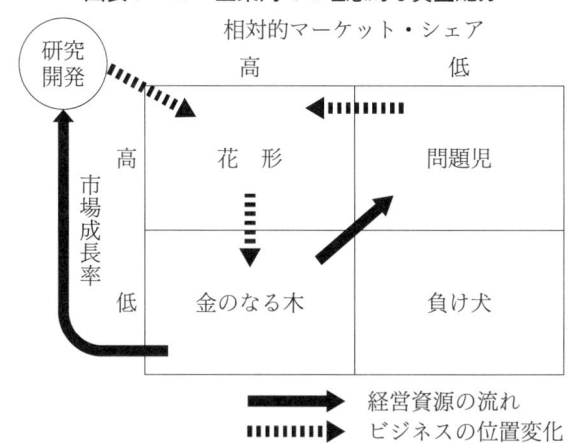

図表 8 − 2　企業内での理想的な資金配分

```
                    相対的マーケット・シェア
     研究            高              低
     開発
        ＼＼＼＼→   ←･･･････
  高         花　形          問題児
市
場              ･
成              ･
長              ↓          ↗
率
  低        金のなる木        負け犬

         ━━━▶  経営資源の流れ
         ･･･▶  ビジネスの位置変化
```

出所）J. C. アベグレン／ボストン・コンサルティング・グループ，前掲書，p.75 を一部修正

して考えられる．市場成長率は高いので，それと同程度かもしくはそれ以上の成長を可能にする資金配分が必要になる．

「負け犬」商品はマーケット・シェアを拡大することは困難であり，将来性もないため，多くの企業では赤字であることが多く，多額の投資をしても効果は少ないと考えられる．そのため多くの資金配分は避け現状を維持するか，撤退を考えるべきである．

「金のなる木」商品は企業全体の資金供給源になるものである．しかし市場成長率は低いので過剰な投資は行なうべきではない．マーケット・シェアを維持・拡大することを目的にして投資を行なう必要がある．

「問題児」商品は，市場成長率が高いので多くの投資を行なう必要がある．しかし「問題児」商品に一律に多額の投資をすることはきわめて危険である．多額の投資を「問題児」商品にすることで他の象限への投資額が不足し，企業全体としてのバランスを欠く可能性がある．したがって「問題児」商品の選択を慎重に行なう必要がある．

以上のように，PPM 理論では具体的には将来の望ましい製品ポートフォリオを設定し，適切な資金配分を行ない現在のポートフォリオを将来のものに近

付けることが行なわれている．しかし企業における経営資源は資金だけではない．ヒト，モノ，情報的経営資源と呼ばれるものもある．このような経営資源の配分については PPM 理論では触れられていない．

3－2．PIMS

PIMS（Profit Impact of Market Strategy）は，市場戦略が利益に及ぼす影響に関する研究で 1972 年に開始されている．当初は，アメリカの GE 社によって戦略的計画モデルの形で実用化されている．1975 年には非営利の戦略計画協会が設立され，以降 PIMS 研究が継続的に行なわれるようになった．具体的研究内容は企業の収益性に対してさまざまな市場戦略がいかなる影響を与えるかを多次元回帰モデルを用いて説明しようとするものである．このような分析を行なうためには，1,700 を超える企業からのデータが登録されている．PIMS 研究は継続的に行なわれているため，絶えず新しい発見や説明モデルの改善が行なわれてきている．ワグナー（H. M. Wagner）は，時系列分析の手法を用いて新たな説明モデルを提示している．このモデルを用いた結果について，次のようにまとめている．

① マーケット・シェア拡大は収益性向上に結びつく確率は高い．しかし大幅にシェアを拡大した事業は稀である．

② 投資を検討するさいには価格，生産量，1 個当たりのコストを把握し，場合によっては投資によらない外部からの購入によって生産を行なうことでコストを抑制でき，収益性を高くできる．

③ 他社よりも安いコストで生産，販売できる事業は他社よりも収益性が高くなるがコスト削減のための設備投資計画はマーケット・シェアの拡大による生産量増大が前提になっている．① で述べたように大幅なシェア拡大は稀である．とくに，市場の成熟期には設備投資計画は慎重に行なう必要がある．

④ 優れた品質を実現できても，必ずしも他社よりも収益性が高くなるとは

いえない.
⑤ マーケティングと研究開発に積極的に取り組むと一般的には収益性は平均以上のものになるが, すべての業種には妥当しない.

以上5点に分析結果を要約できるが, このような PIMS 研究は現在も新たな説明モデルが開発され, 新しい発見が行なわれいる.

第4節　ポーター (M. E. Porter) の戦略概念

　1970年代になるとアメリカ企業は多角化・多国籍化の結果として, 各業界の中で, 激しい企業間競争にさらされるようになっていった. その中で業界への参入・退出, そして企業間の淘汰が進展する状況になっていった. このような状況に対応するためのフレーム・ワークを与えたのがポーターの競争戦略 (competitive strategy) 論であった. ポーターは, 産業組織論の視点から競争要因を分析し, その要因への企業の対応が競争戦略であるとしている. 戦略の概念については, 市場におけるポジショニングが戦略であるとしている. このポジショニングは市場における特定セグメントを対象とした商品, 価格, 流通チャネル等の広範な業務活動の在り方を意味している. つまり市場における5つの競争要因に対応して, それに業務活動を通じて作用し自社に有利な状況を実現するものが戦略であるとしているのである. ポーターは1996年の論文の中で企業における業務活動と戦略との関係について以下のように述べている. 業務活動の効率化も戦略も優れた業績達成には不可欠であるが, その役割は異なるとしている. 業務の効率化は同様の業務をライバル企業よりも上手に遂行することである. その中には能率増進だけでなく, 製品の欠陥を減らすことや製品開発の素早さも含まれるとしている. 他方, 戦略はこれとは異なり競争相手とは異なる業務活動を採用することであるとしている. 業務活動について進歩した技術を採用したり, 従業員の動機付けがうまかったり, 業務活動の組み合わせに優れていることが挙げられている. このような業務活動の差が競争企業間の収益性の違いの重要な源泉になっているとしている. この業務活動の相

違と同一業務の効率の相違は同一軸のものではなく，明確に区別されるべきものであるとしている．そして市場におけるポジショニングの相違はあくまでも業務活動の相違によって生ずるものであって，業務活動の効率性の相違は企業の短期的な競争優位性の獲得しか可能にしないとしている．業務活動の効率の絶えざる改善は，競争企業間に急速に広まる可能性が高い．そのために，長期的な競争優位を確保することは不可能である．ポーターは，長期間に亘る競争優位性は市場におけるポジショニングとそれを可能にする業務活動の優位性から生まれるとしている．この市場におけるポジショニングには，トレード・オフが不可欠であり，特定のポジショニングとそれを実現するための業務活動が取捨選択された場合，他のポジショニングおよび業務活動と両立させることは不可能であるとしている．このように1996年の論文では，企業内の管理上の問題にまで視野が広がっている点が注目に値する．戦略概念が単に企業とそれを取り巻く環境との関係だけでなく，企業内の管理上のシステムや組織と密接に結びつく問題であることをポーターの戦略概念の変化は示しているといえよう．

第5節　学習学派の戦略概念

1970年代から80年代にかけてアメリカ経済は世界的な競争の中で国内産業空洞化の状況が進展し，多国籍化が進展していった．さらにまたアメリカの大企業が世界の市場において日本企業であるホンダやトヨタ，キヤノン，ソニーといった企業によって市場で苦戦を強いられるようになっていった．従来の戦略論に基づいた戦略が十分な競争の武器として機能しない状況が生ずるようになっていったのである．分析に基づいて合理的に計画された戦略が十分にその効果を発揮しない状況が生まれたのである．従来の戦略論に対する反省はいくつかの視点から行なわれた．まず第1の視点はコンティンジェンシー理論の視点である．この理論は組織論で展開された理論で，これが戦略論の領域にまで考察対象が拡大されたものである．マイルズとスノウ（R. E. Miles & C. C.

Snow) の理論はその代表的なものである．この理論では，環境と戦略，組織構造，そしてプロセスの間の適合関係を分析し，一定の環境状況に対応した戦略，組織，プロセスが存在することを明らかにしようとしていた．これらの要因間に整合性のある一連のパターンを明らかにし，防衛型，探索型，分析型，受身型の4つのパターンが存在するとしている．企業は一連のパターンで環境変化に適応するのであり，そのさいにトップ・マネジメントが意思決定を行なう3つの広範な問題領域が存在するとされている．一つは企業者的問題で，成長が可能な事業領域とそれに関連した一連の目標を選択すること．もう一つは技術的問題で，選択された事業領域を獲得するための技術的過程を創ることである．最後は管理的問題で，選択された技術を調整・統制し，さらに組織を維持するのに必要な革新的活動を指揮する組織機構と管理過程を開発すること．以上3つの問題が具体的な戦略的決定の中身であり，戦略はこの決定の結果として生まれた企業行動のパターンとして理解されている．

　さらに，別の視点からも検討が行なわれている．パスカル（R. T. Pascale）は，先に上げたBCGの調査を再検討することを行なっている．このBCG調査は世界的にみてイギリスの二輪車産業衰退の原因が日本の二輪車産業の成長，とくにリーダー企業であるホンダの戦略にあった点を指摘したものであった．BCGはホンダの戦略を日本市場での市場支配力を利用して低価格戦略でアメリカ市場へ参入し，高所得階層のセグメントを再定義し，市場を拡大し積極的な低価格と宣伝で競争上優位な立場を築いたものと捉えていた．パスカルはこのようなBCGの調査結果に対して疑問を投げ掛け，ホンダの戦略を組織的なプロセスとして捉えることの重要性を指摘している．ホンダ社内で具体的にどのようなプロセスの結果として一定のパターンとしての戦略が形成されてきたのか，時系列的に詳細な分析が行なわれた．そこで明らかになったのは現場で働く販売員やディーラー，そして生産行程の作業員達の「小さな知恵」が蓄積し，それがその企業が享受する市場での地位に貢献しているという実態であった．そしてトップ・マネジメントの大胆な洞察力からだけでは優れ

た戦略は生まれないことが明らかになったのである．実態の分析については現在でもその解釈を巡り論争が行なわれているが，組織内のプロセスの重要性が指摘されたのである．

　学習学派の代表的な戦略概念は次のように定義されている．戦略とは適合メカニズムとして組織の上手な働きに必要なすべての事柄とされている．クイン (J. B. Quinn) は，戦略は組織の中から創発的（emergent）に生まれてくるのであり，現実の戦略形成には多くの偶然性が存在していることを指摘している．その偶然性を巻き込んで企業内のあらゆる場における知識の創造と利用が結果として一定の行動のパターンを形成しているのである．戦略形成の実態分析から出発し，戦略をパターンとして捉えていたのがこの学派の基本的考え方であった．しかし，この学派と同じ視点で実態分析を行なっているが，さらに単にパターンとして捉えるのではなく，戦略形成のための具体的なフレームワークを示そうとする考えが生まれている．

第6節　資源ベース視点（Resource Based Perspective）の戦略概念

　1980年代後半はプラザ合意の下で，先進国間での国際化が急速に進んだ時期であった．この時期になると，アメリカ企業は国際的な競争の場で積極的に日本企業に対して反攻することが求められるようになっていった．1980年代の後半にアメリカのマサチューセッツ工科大学が実施したアメリカ企業の生産性研究プロジェクトはアメリカ企業の競争力の低下原因を分析し，その研究成果が「メイド・イン・アメリカ」という報告書にまとめられている．日本でも公刊されたが，このような問題意識は戦略論の研究分野にも反映されており，アメリカ企業の国際的競争力を構築し，強化するための戦略論の検討が行なわれるようになった．基本的にはプロセス学派が提起した戦略形成の実態分析に基づき，戦略上の競争優位性を構築する上でいかにして企業の組織能力（organizational capabilities）を構築し，強化するのかという理論の枠組みである．

この理論ではまず前提として企業を取り巻く環境の変化は激しく，その変化の深度も深いとされている．このような前例のないような環境変化の中で企業が国際的な競争で生き残り，成長して行くための具体的な対応策として企業のもつ能力の構築を絶えず行なうという学習メカニズムを組み入れることが求められているとされている．

企業のもつ経営資源の分類方法にはさまざまなものがあるが，ヒト，モノ，カネ，情報的経営資源という分類も有効な分類といえよう．なかでも情報的経営資源の重要性が大きなものになってきている．情報的経営資源には一般に技術，ノウハウ，技能，ブランド・イメージ，特許，データ・ベース，暖簾等が含まれるとされている．優れた情報的経営資源を企業内に蓄積することは企業のさまざまな管理システムや組織，業務活動等に具体化されることをも意味している．これらの管理システムや組織の優れた効率性，競合他社との差異性と他の情報的経営資源が組み合わさって競争優位性を確保することが可能になるのである．このような考えに基づいた多様な考えが展開されている．とくに組織能力について，コンピタンス（competence）や能力（capabilities）等のさまざまな概念が用いられ，混乱した状況になっている．このような状況ではあるがこの組織能力概念について整理が行なわれてきている．代表的な論者であるプラハラド（C. K. Prahalad）等の考えにしたがって組織能力と戦略との関係について見ておこう．

企業はまず環境における事業機会を認識し，市場での有利な競争を行なおうとする．そのための活動は4つのプロセスに分けられる．第1は欲求水準の管理，第2は資源の強化，第3は競争空間の創出，そして第4は組織全体の活性化であるとしている．第1のプロセスは全従業員のモチベーションを高くするためにその原因となる欲求水準を戦略意図（strategic intent）を明確に示すことによって高くして現在時点における資源およびその利用方法を工夫・改善させてより高い企業目標へ向けさせるプロセスである．この戦略意図はその組織の欲求を示すものであり，組織全体のイマジネーションを大きくする手段にな

っている．

　次に高くなった欲求水準が資源の強化に結びつくことになる．これが第2のプロセスになる．このプロセスでは，新たな市場機会を創出するために資源を最も効率的に獲得し，利用する方法が課題になる．資源強化のプロセスは戦略的アーチテクチュア（strategic architecture）を定義し，展開することによって達成される．この戦略的アーチテクチュアは戦略意図と資源強化，コンピタンス構築とを仲介する機能を果たす全社的なフレームワークであり未来へとつながる道路地図としての役割を果たしている．長期的な競争力を構築するための核となるコア・コンピタンスを明らかにしているものが戦略的アーチテクチュアである．この戦略的アーチテクチュアの具体的な例としてNECのC&C（Computer & Communication）という経営ビジョンが挙げられるだろう．これはコンピュータ事業と通信事業を融合した新しい市場の創造を予測し，その未来像への道程を示したものである．このように戦略的アーチテクチュアの目標は特定産業の発展，もしくは技術の発展におけるステップを示すことにある．さらにそれを実現するための資源配分の方針を示すものである．この資源配分の中には，戦略的提携（strategic alliance）も含まれている．このような戦略的アーチテクチュアを確立するのは，トップ・マネジメントの職務でありイノベーションに係わるすべての従業員に対してそのフレームワークを提供するものである．

　戦略的アーチテクチュアでは，コア・コンピタンスやコア製品も明確にされなければならない．このコア・コンピタンスには以下3つの特徴があるとされている．①競争上の差異化の源泉になりうる　②多くの事業にまたがるものでさまざまな製品市場創出の可能性をもっている　③競争相手が模倣するのが困難である．以上のような特徴をもったコンピタンスであるとされている．コンピタンスについてはその概念が技術の要因を含み，さらに企業内の統治プロセスつまり事業単位間調整等も含まれるとされている．また各組織レベルでの集団学習も含まれるとされている．こうしてコンピタンスは（技術×統治プ

ロセス×集団学習）という算式で示すことができるとしている．

　戦略意図は，具体的には企業の理念・目標として存在するが，企業全体の構成員の欲求水準を高くするものでなければならなかった．次に，戦略的アーキテクチュアがビジョンを含む戦略概念として理解できるだろう．未来を予測し，未来の方向性を示し，そして計画を作り資源配分を行なうことが具体的内容であった．その戦略的アーキテクチュア策定にさいして企業のもつコア・コンピタンス，コア製品を十分に明確にする必要があった．これによって新しい競争空間を創造し，新しい事業の展開が可能になる．

　以上のように資源ベースの戦略論においては戦略的アーキテクチュアが規定的な要因になることが認識されていた．しかし組織能力の具体的内容についてはまだ十分に明らかになっていない．

第7節　形成学派の戦略概念

　本章の最初に述べたようにミンツバーグの経営戦略についての捉え方の特徴は各学派のそれぞれの理論が妥当する時と場所が存在するという考え方である．このような考え方を基礎にして各理論を統合してゆくことを主張するのがミンツバーグである．ミンツバーグは，戦略についての唯一の定義は現在までのところ存在しておらず，その代わりに戦略の5つの定義を紹介している．

　第1の定義はプラン（plan）としての戦略である．企業の将来へ向けての行動のとるべき指針や方針．ある地点からある地点へゆくための進路である．このような計画としての定義は一般的な定義であり，意図されて行動の前に形成されるものである．

　第2の定義はパターン（pattern）としての戦略である．時を超えて一貫した行動を示すものとして捉えることができる．つまり過去の行動をみてそこに企業行動のパターンを捉えることができる．これは実現された戦略と表現できる．

　意図された戦略の中で完全に実現されることを念頭にした戦略は，計画的な戦略（deliberate strategy）と呼ばれている．このような戦略は，結果として実

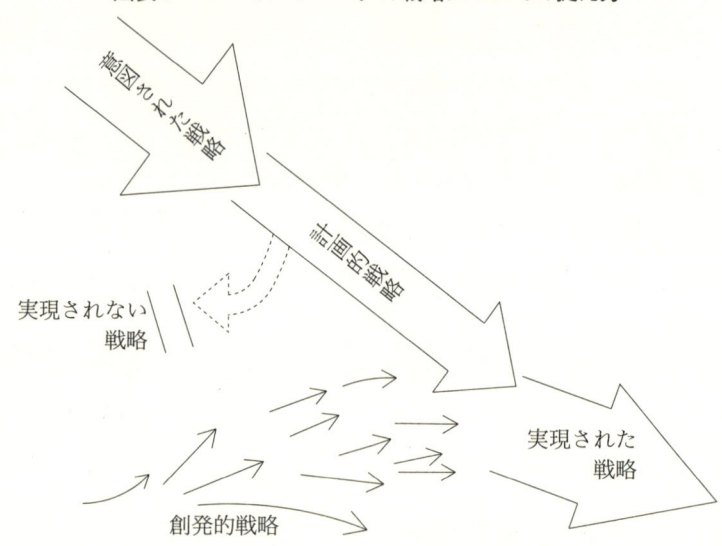

図表8－3　ミンツバークの戦略についての捉え方

意図された戦略
計画的戦略
実現されない戦略
創発的戦略
実現された戦略

出所）H. Mintzberg, B. Ahlstrand and J. Lampel (1998) *Strategy Safari*, Free Press, p. 12 より

現されないものが生まれることもある．他方，創発的戦略（emergent strategy）もある．この戦略は最初から明確に意図されたものではなく，行動が集積され学習が行なわれていく中で行動の一貫性が形成されてゆきその結果としてパターンとしての戦略が実現されてゆくものとされている．図表8－3に示されているように実現された戦略を分析してゆくと一方的に計画的な戦略も存在せず，また一方的に創発的戦略も存在していない．現実の戦略は，この両方の要素を併せもっていると理解するのが適切であるとしている．戦略は計画的に策定されなければならないが同時に企業内外の人々による学習プロセスを通じて詳細な行動について選択が行なわれてゆくという創発性ももたなければならないのである．このように効果的な戦略は予期せぬ出来事への対応の必要性と予測する能力を状況に合うように兼ね備えなければならないのである．

　さらに戦略をポジション（position）として捉えることもできる．この考え方は特定市場における製品の位置付けを戦略として理解する考え方である．また戦略を視点（perspective）として捉える考え方も存在している．この考え方

は企業の経営理念とそれに基づくビジョンを戦略として捉える考え方である．これら2つの考えの他にさらに策略（ploy）として戦略を捉えることができるとしている．具体的には競争上有利な立場を先に確保したり，相手の弱点を攻撃することが考えられる．さらに当該企業のライバルに脅威を与えることで牽制するものとして理解することも可能である．

以上のような5つの定義が戦略には存在しているがそれぞれの学派との関係は以下のように整理できる．

計画策定学派～プラン，ポジショニング学派～ポジション，企業家学派～視点，学習学派～パターン，政治学派～策略

このような考えに基づいて今後の戦略論研究の方向としては多くの学派の狭い範囲を超えてゆくことが必要であり，そのためには実際にどのように戦略形成が行なわれているかを分析してゆくことが必要であるとしている．

参考文献

D. F. Abell, *Definig the Business : The Starting Point of Strategic Planning*, Prentice-Hall, 1980.（石井淳蔵訳『事業の定義』千倉書房，1984年）

J. C. アベグレン／ボストン・コンサルティング・グループ『ポートフォリオ戦略』プレジデント社，1977年

H. I. Ansoff, *The New Corporate Strategy*, Wiley, 1988.（中村元一・黒田哲彦訳『最新・戦略経営』産業能率大学出版部，1990年）

H. K. Christensen, "Corporate Strategy : Managing A set of Businesses," in L. Fahey and R. M. Randall eds., *The Portable MBA in Strategy*, Wiley & Sons, 1994.

G. Hamel and C. K. Prahalad, *Competing for the Future*, Harvard Business School Press, 1994.（一条和生訳『コア・コンピタンス経営』日本経済新聞社，1995年）

C. W. Hofer and D. E. Schendel, *Strategy Formulation : Analytical Concept*, West, 1978.（奥村昭博他訳『戦略策定』千倉書房，1981年）

伊丹敬之「大競争時代の戦略と落し穴」『ダイヤモンド・ハーバード・ビジネス』4-5月号，1997年

松下社会科学振興財団，『日本的経営の本流』PHP研究所，1997年

野中郁次郎「ビジョン実現のプロセスとしての戦略」『ダイヤモンド・ハーバー

ド・ビジネス』2-3月号,1997年
R. E. Miles and C. C. Snow, *Organizational Strategy, Structure, and Process*, Mcgraw-Hill, 1978.（土屋守章ほか訳『戦略型経営』ダイヤモンド社,1983年）
H. Mintzberg, "The Strategy Concept: Five Ps for Strategy," *California Management Review*, Fall, 1987.
R. T. Pascale, *Managing on the Edge*, Simon and Schuster, 1990.（崎谷哲夫訳『逆説のマネジメント』ダイヤモンド社,1991年）
M. E. Porter, *Competitive Strategy : Techniques for Analyzing Industries and Competitors*, The Free Press, 1980.（土岐他訳『競争の戦略』ダイヤモンド社,1985年）
M. E. Porter, "What is Strategy?", 1996.（「戦略の本質」『ダイヤモンド・ハーバード・ビジネス』2-3月号,1997年）
榊原清則『企業ドイメンの戦略』中央公論社,1992年
H. M. Wagner, "Profit Wonders, Investment Blunders," *Harvard Business Review*, 9-10, 1984.（「ROIを高める要因,低下させる要因」『ダイヤモンド・ハーバード・ビジネス』12-1月号,1985年）

第9章　経営戦略のフレームワーク

第1節　経営戦略の階層と機能

　経営戦略は，企業活動全体のさまざまな次元にわたって存在するものであり，一定の階層的関係に整理することが可能である．一般的に，2～3の階層に分けて整理して理解することが有効であるとされている．まず，企業はその成長のプロセスで複数の産業・市場領域で自らの事業活動を遂行するようになることは経験的に明らかになっている．どのような産業・市場領域を自らの事業領域としてもつかどうか，またどのように複数の産業・市場領域へ経営資源を分配するのかという全社レベルの戦略課題が理解できる．

1-1．全社レベルの経営戦略

　全社レベルの経営戦略は企業全体の利益という視点から策定と実行が行なわれる性格をもっている．企業の存続と成長が具体的な目標になっており，大きく分けると既存事業領域への経営資源分配，そして新しい事業領域の探索と創造，そしてそれに伴う経営資源の分配，強化・蓄積がその戦略の内容になると考えられる．次に企業全体としての事業領域の構成を適正な構成にすることが求められる．事業領域の構成が適正かどうかを判断する基準は必ずしも定まったものは存在しないが，各事業領域の市場成長率，市場での相対的マーケットシェア，そしてシナジー効果が従来から重要な基準として挙げられている．またこの3つの要因と密接に関係するのが経営資源の強化と蓄積である．この点については，後で述べることにしよう．
　以上を整理すると，以下の4点にまとめることができるだろう．
　① 企業の対象とする事業領域（ドメイン）をどのような範囲のものと定義

するか
② 各事業領域の競争優位を形成するためにシナジー効果を利用する必要があるが，どのようなシナジー効果を利用するべきか
③ 企業の対象とする全事業領域における競争優位とシナジー効果の基礎になる経営資源を強化・蓄積する方法を決定する．具体的方法としては研究開発，買収・合併，戦略的提携，撤退等が考えられるが，その中のどのような方法を採用するべきか
④ 各事業領域への経営資源の分配を決定する

上記4点の中でも企業全体の事業領域の範囲を決定することが全社の戦略の最も重要な課題である．この課題は，さらに3点に分けて考えることができる．① 製品―市場領域の決定，② 地理的にどこで活動するべきか，③ 業務活動のどのステップを行なうべきか．以上3点がまず決定されなければならない事項である．

Ⅰ―2．事業領域別（競争）戦略

全社レベルの経営戦略によって企業全体として対象とする事業領域の範囲，構成が決まり，資源配分が行なわれる．次の段階では，特定の事業領域を担当する戦略事業単位（Strategic Business Unit）において競合他社との競争で優位性を獲得するための戦略が策定されなければならない．この戦略事業単位（SBU）は広くは部門，子会社を指している．また事業領域を複数もつ企業や単一事業領域しかもたない企業での利益責任単位である事業部を指すこともある．

全社レベルの戦略課題とは異なり，特定の事業領域が対象の市場でいかに競合するライバル企業と優位な立場で競争するかということが事業領域別の競争戦略の課題である．この課題を詳しくみてゆくと，さらに5項目に整理できる．

① 事業領域の範囲を確定する．
② 事業領域の目標を設定する．

③　競争上の優位性を生み出す基盤を確定する．
④　業務活動システムの設計を行なう．
⑤　事業領域の一連の業務を管理する．

以上のような事業領域別戦略の具体的な展開についてはその事業単位が利益責任単位である事業部の場合には，その事業部に属する各部門で機能別の戦略を策定して実行することが行なわれている．

Ⅰ—3．全社・事業横断の経営戦略

a．国際化戦略

企業活動の国際化に伴い，経営戦略の展開を理解するうえで従来のような全社戦略，事業領域別戦略という枠組みだけでは十分な有効性をもちえなくなってきている．競争が一国レベルのものから国際レベルの競争になってきており，新たな戦略的対応が求められるようになっている．

国際レベルの競争は今後さらに激化してゆくものと考えられるが，従来の枠組みでは考えられてこなかった諸課題が生まれている．まず企業活動が行なわれる地理的な位置の問題がある．競争優位性を生みだすような地理的配置はその企業の競争優位上重要な意味をもってきている．具体的には本社の位置，研究開発拠点の位置，さらには製造活動の位置について世界的にみてどの地点に配置することが全社レベル，事業活動レベルで検討されるようになってきている．この他には，国際的にも通用する製品の開発，世界市場への参入方法等の課題が存在している．

b．社会的・倫理的戦略

社会的・倫理的戦略についてはまだ十分に認識されるまでになっていないが，その重要性はきわめて高くなってきている．企業の社会的責任という領域で競争上優位な位置を獲得することがその基本的な内容になると考えられる．とくに近年，環境問題についての企業の戦略的対応の重要性が増している．環境問

題への積極的な対応は企業に対して社会から求められており，この対応でライバル企業よりも積極的な対応をすることがその企業の社会的評価を高くし，環境規制に対応することを可能にするのである．

このように社会的・倫理的戦略は全社戦略，事業領域別の戦略の有効性を大きく促進するという性格をもっている．しかも長期的に促進するという性格をもつと考えられる．企業業績を短期的に捉えるとこの社会的・倫理的戦略は一定の費用負担を伴い，短期的な企業利益に反することになる．しかしその費用負担によって長期的には利益に結びつくという性格をもつ戦略であると考えられている．

第2節　事業領域（ドメイン）の決定

ドメインの決定は，企業活動の対象とする事業，産業，市場を決定することである．そのため当該企業がもっている経営理念やビジョンと結びついた課題になっている．経営理念の中にその対象とするドメインを念頭においているものもある．つまり，ドメインの決定は経営理念に合致していることが求められているのである．

ドメインの決定は，また歴史の経過に伴う産業構造の変化をも考慮に入れたものでなければならない．産業構造の変化の方向を見極めることが求められる．しかし未来を正確に予測することはどれだけ尽力しても困難であり，大きな不確実性が伴っている．その不確実性を前にして決定不能の状況に陥らないためには，経営者は未来についてのビジョンをもつことが不可欠と考えられる．このビジョンを明らかにし，このビジョンに基づいて具体的なドメインの決定が行なわれなければならない．

変化の速度が速く，不確実性の高い産業分野については描かれたビジョンが逆作用する可能性も生じるだろう．当初のビジョンを固定化して扱うことが逆に企業の環境への対応を誤らせることになり，ドメインの選択が不適切になる可能性があるといえよう．そうならないためにはトップ・マネジメントは絶え

ずビジョンを訂正してゆく視点をもち，環境の変化を絶えず読んで，ビジョンを再検討してゆく必要がある．再検討にさいし，第1に，世界的な地理的な視点をもつ必要がある．日本国内だけでなく世界的規模での検討が今後さらに重要になってゆくだろう．第2に，歴史的視点をもつことが重要である．歴史の流れという視点から過去を振り返り，新たな産業発展の可能性を模索してゆくことが重要である．第3に，自らが考え，他人を模倣しないという姿勢をもつ必要がある．自らの独自な考えをもちビジョンを発展させてゆくことが重要になると考えられるのである．

　歴史的な産業構造の変化に伴い，既存のドメインを含めたより広範な視点からの再定義が必要になる．ドメインを再定義する視点は，さまざまなものが考えられるが「機能」の視点から捉えることが新たなドメインの発見に有効なものと考えられている．調味料の製造メーカーがより広い食料品という「機能」の視点から冷凍食品産業へ参入する場合がこのケースに該当するだろう．さらにオーディオビジュアルの専門メーカーであったソニーがハードの機器の製造と販売だけでなく，ソフトウェアである音楽，映画製作，そしてゲーム業界へ進出しているケースもこの場合に該当するだろう．ソニーが考える広範な娯楽の提供という「機能」の視点から捉え直し再定義することで，従来のドメインと一貫性をもつことが可能になっているのである．

第3節　ドメイン決定の諸次元

　新たにドメインを決定して事業活動を始める場合や既存のドメインを再定義する場合にはさまざまな視点からの定義が可能であると述べたが，従来からいくつかの次元を組み合わせて事業の定義をすることが有効とされてきている．代表的なものを，以下に挙げておくことにしよう．

3-1. 2次元による事業の定義

　I. アンゾフ（I. Ansoff）は事業を2つの次元を用いて定義することが有効で

あるとしている．また，この事業定義の変化が戦略の変化でもあるとしている．アンゾフは，図表9－1に示される2次元の「成長マトリックス」を提示している．この成長マトリックスの4つのセルは成長の方向を示すものであり，また経営戦略でもあるとしている．現在の製品市場のより一層の浸透，製品開発，市場開発，多角化という4つの戦略が示されている（図表9－1参照）．この表でいわれているミッションとは，アンゾフによれば製品へのニーズを意味するとされている．製品ニーズが新しいかどうかで一つの区分がされている．製品については既存製品か新しい製品かで区分されている．この製品とミッションという座標軸ではそれぞれ製品を提供する企業側のもっている技術と顧客のニーズをどのように結びつけるかが示されており，これが経営戦略とされている．つまり当該企業がもつ技術力によって顧客の特定のニーズを満足させる製品の提供が行なわれることになる．ミッションは，顧客の特定層とそのニーズによって示すことができる．この定義は，より一般的には市場を軸とした定義として理解できる．顧客のニーズ，顧客層として区分される次元としては地理，人口統計，所得階層，パーソナリティ特性等が考えられる．具体的には，特定地域の顧客をドメインと考えたり，特定の年齢層をドメインとして考える化粧品のようなケースがある．

　製品軸によるドメインの定義は，とくに企業のもつ技術に基づいてドメインを定義することである．C&Cというコンピュータと通信に係る技術力に基づいたNECのドメイン定義の例やE&Eといったエレクトロニクスとエネルギー技術に基づいた東芝のドメイン定義の例がある．このような2次元でドメインを定義する場合にも市場の変化の方向を考慮して，既存のドメインに一定の柔軟性をもたせておく必要がある．また製品軸である技術についても一定の柔軟性を考慮したドメイン定義を当初から考えておく必要がある．顧客のニーズの変化が激しく，技術革新の急速な展開が考えられる状況では，この点はとくに重要な点である．ドメインの定義は，一定の「余裕」をもたせることがまた別の意味で大切になっている．ドメイン定義を巡って顧客のニーズの変化・技

術の変化を考慮して絶えず検討を加えてゆくことで従業員の意欲・創造力を刺激し，ドメイン拡充の可能性を高くすることができるのである．

3—2. 3次元によるドメイン定義

2次元による定義にさらに顧客機能という次元を加えたのがエイベル（F. Abell）である．ドメインの顧客機能という概念は，顧客が製品に求める機能であるとされている．自動車は，輸送という機能の他に娯楽，社会的地位の表現，デザインの良さという機能をも果たしている場合がある．このような概念を導入することで当該企業のドメインの広がりと差別性をより明確に示すことが可能になる．

競合する企業同士が自動車の生産を行なう場合，自動車に対する顧客機能の相違に着目して，そのドメインを定義することが考えられる．自動車の各機能の何を重視するかによって，そのデザインの良さを重視するのか，走行性能と燃費の良さに着目してゆくのかによってドメインの定義が異なってくる．

こうして技術と市場の他にさらに顧客機能という次元が加わり，3つの次元に沿ってドメイン定義の広がりと差別化が行なわれることになる．

エイベルの事業定義は事業領域レベルの定義であるが，全社レベルの定義については「関連多角化」の戦略が挙げられている．このようにドメインの決定は全社レベル，事業領域それぞれのレベルでの戦略の形態に具体化されてゆく．

第4節　経営戦略の基本的形態

4—1．シナジーと全社レベルの戦略

シナジー効果は，企業が新しい製品—市場分野へ進出するさいの適合性の基準として用いられてきている概念である．当該企業が2つ以上の製品—市場領域をドメインとしてもつ場合の評価尺度になる概念である．

シナジー効果は企業のもつ経営資源から，その部分的な総計よりも大きな結合の利益を生み出すものである．このシナジー効果の種類についてアンゾフは

図表9－1　アンゾフの成長マトリックス

使命 (ニーズ) ＼ 製品	現	新
現	市場浸透	製品開発
新	市場開発	多角化

出所）I. Ansoff, *Corporate Strategy*, McGraw-Hill, 1965, p. 99（広田寿亮訳『企業戦略論』産業能率短期大学出版部，1969年，p. 137.

4種類のシナジーが存在するとしている．①販売シナジー：これには製品の共通した流通チャネル，共通の倉庫，そしてセールスマンによる抱き合わせの販売，共通の広告，共通の販売促進，従来からの名声が挙げられる．②生産シナジー：生産遂行上に用いられる施設・人員の共同利用，間接費の分担，共通の学習曲線に基づく利点，つまり仕事上の経験によって獲得される仕事上のノウハウ，スキルの共通利用．そして一括大量の原材料仕入れが挙げられる．③投資シナジー：プラントの共同利用，原材料の共同在庫，類似製品に対する研究開発の残存効果，共通の工具，共通の機械が挙げられる．④マネジメント・シナジー：既存の業態業種における経営上の知識が新しい業態業種へ進出した時にも妥当する場合に生まれる．しかし，新規分野で起こる経営上の諸問題が未経験のものである場合には，このシナジーは働かないことになる．

　以上4種類のシナジーが挙げられているが，この他にも各経営資源の性質に基づくシナジー効果が考えられる．とくに，情報的経営資源である技術，ノウハウ，ブランド，知識等についてはコストを掛けずに多重に利用することが可能である．このようなシナジー効果を利用して既存の事業もしくは異なる製品分野へと進出することを「多角化」（diversification）と呼んでいる．多角化にはシナジー効果を利用したものでライバル企業に対して競争優位性を獲得しよ

うとする「関連多角化」とシナジー効果のない「無関連多角化」があるとされている．この場合，多角化は異なった製品―市場領域への進出を意味するものとして解釈されている．

　アンゾフは，当該企業が成長するさいに現在の製品―市場分野との関連を基軸にして戦略を4つの構成要素に整理している．既述した図表9－1をアンゾフは成長ベクトルとして企業成長の具体的な方法を示している．まず市場浸透力は現在の製品―市場の占有率の増大という方向を示している．

　市場開発は，現在の製品―市場を前提に別に新しいニーズの開発を行ない市場を拡大するという成長の方向を意味している．

　製品開発は，現在の製品に替わる新しい製品の開発という成長の方向である．

　そして最後が多角化である．新しい製品―市場分野への進出という成長の方向として位置づけている．

4－2．競争戦略の基本的形態

　成長ベクトルで特定の成長の方向が明確にされると，次にはこの特定の製品―市場領域内におけるライバル企業との競争を行なわなければならない．この競争を行なう上で一定の優位性を獲得し，平均以上の利益を獲得することが求められる．そのためには当該企業が対象とする顧客の範囲を決定することがまず必要とされる．さらにどのようにして競争上の優位性の獲得を行なうのかが選択されなければならない．その選択は当該企業がもつ能力や経営資源の状況に大きく依存することになる．

　競合するライバル企業との競争を避けて独自の競争優位性を構築することが必要とされるが，そのためには4つの方法があり，そのうちの一つを選択することが当該企業に求められるのである．ポーターはその優位として低コストと差別化を挙げている．この2つのタイプの優位を達成するために選ばれるターゲットの幅と結びついて4パターンの基本戦略が挙げられている．図表9－2のどの基本戦略を選択し，実行するかを決めることは，他の選択肢を捨てるこ

図表9−2　ポーターの3つの基本戦略

	競争優位	
	他社より低いコスト	差別化
戦略ターゲットの幅　広いターゲット	1．コスト・リーダーシップ	2．差別化
戦略ターゲットの幅　狭いターゲット	3A．コスト集中	3B．差別化集中

出所）M. E. Porter, *Competitive Advantage*, Free Press, 1985, p. 12（土岐坤他訳『競争優位の戦略』ダイヤモンド社，1985年，p. 16.

とを意味している．業界内で平均以上の業績を得るためには，このことは不可欠とされている．以下ではそれぞれの基本戦略について説明することにしよう．

(1) コスト・リーダーシップ戦略：この戦略は，低コスト・メーカーで広い範囲のターゲットをもつことを特徴としている．低コスト・メーカーであるためには学習曲線に沿った経験効果だけを頼りにするのではなく，さまざまな諸要因を検討し，その低コストの源泉を探索することが必要になる．

(2) 差別化戦略：この戦略は，買い手が重要と考える製品のいくつかの次元に沿って特異性をもつ製品を提供する戦略である．この差別化の手段には製品そのものの差別化，流通システム，マーケティング方法等の差別化が挙げられる．差別化戦略はまたその対象も市場全体を対象としている．そのために差別化によって生ずるコストも大きな問題になる．このコストを削減し，効率的にこの戦略を遂行することが最大の課題になる．

(3) 集中戦略：集中戦略には，2種類のものがある．第1のコスト集中戦略は，対象とする市場セグメントにおいてコストの面における競争優位性を構築する戦略を意味している．たとえば若者という市場セグメントを対象として安価な製品の提供を行なうユニクロブランドのファースト・リティリング社のケ

ースが挙げられる．コストを低くして安価な製品提供という戦略が売上高の向上と業績拡大に結びつく若者市場だからこその戦略である．しかし，この場合でも製品の素材やデザインについての独自の十分な検討が加えられており，この面を軽視している訳ではない．あくまでも低価格品提供を前提にした検討が行なわれているということである．

　第2の集中化戦略は，差別化集中戦略である．この戦略は，ターゲットとして選ばれた市場セグメントに対してだけ差別化した製品の提供を行なうものである．この場合にも差別化した製品の提供は，けっしてコストの削減を排除するものではない点を注意しなければならない．

　以上，2つの戦略は，特定の市場セグメントを対象としていることから集中戦略と呼ばれている．

　既述の基本的な戦略のどれを選択するのか，またその企業がどのような競争優位性の獲得を行なうのかは企業によって大きく異なっている．同じ業界内においてその企業が成功するための鍵となる要因が存在するとされている．この要因はKFS (Key Factors for Success) と呼ばれるもので，この要因を発見し，戦略の基礎にすることが必要とされている．KFSはまた固定して変化しない訳ではない．絶えず変化する．また一つとは限らない．そのために各企業はその発見に絶えず努力する必要がある．

　基本的な戦略の選択には，またもう一つ別の要因が考えられなければならない．それは業界内における当該企業の位置である．この位置は企業のもつ経営資源や能力の質と量によって規定されると考えられている．十分な経営資源や能力をもった企業はそれに対応した広範な戦略を選択することができる．十分な経営資源や能力をもたない企業の選択の幅は狭くならざるをえない．また企業のもつ経営資源や能力の質も大きく作用する．たとえばコスト・リーダーシップ戦略を選択している企業でも，その低コストを製造の工程で実現している企業，購買で実現している企業もあり，各企業の企業競争力を実現する場が異なっている．この企業競争力を生み出すのに中心的な役割を果たしているのが

経営資源と能力である．

第5節　経営資源の蓄積と企業競争力の形成

　企業競争力を構築し強化するためには経営資源を蓄積し，能力（capabilities）を強化する必要がある．経営資源の分類方法にはさまざまなものがあるが，ヒト，モノ，カネ，そして情報的経営資源という分類も有効なものといえよう．これらの資源の中でも情報的経営資源の重要性が大きな意味をもってきている．情報的経営資源には，一般的に技術，ノウハウ，技能，ブランド・イメージ，特許，データ・ベース，暖簾等が含まれるとされている．優れた情報的経営資源を企業内に蓄積することは企業のさまざまな管理システムや組織，業務活動に具体化されることをも意味している．また共有化された情報に基づく知識の創造も行なわれることになる．その具体的な例としては，研究開発活動が挙げられる．研究開発によって積極的に情報的経営資源の蓄積を行なうことが一方で行なわれるが，また他方日常業務活動の中から生まれる情報を蓄積し，それを活用して有効な知識を生み出すことも行なわれている．たとえばコンビニエンス・ストアによる情報システムの利用が挙げられる．日常的な販売に伴う情報の収集を行ないデータ化し，それに基づいて製品の仕入れ，品揃えが行なわれている．情報に基づいてさまざまな仮説が考えられて仕入れ，品揃えが行なわれる．その結果がさらに知識として蓄積されてゆくことになり，重要な企業競争力の一つの要素になる．つまり情報を単に蓄積するだけでは企業の競争力にはならない．蓄積された情報を活用する能力もまた必要とされているのである．さらにその能力も絶えず学習して新しい管理のシステムや組織構造が創造されなければならない．

　このような情報的経営資源や能力を蓄積し強化してゆくためには，その他の経営資源を計画的に投入してゆく必要がある．とくに，ライバル企業に模倣されないためには計画性をもった資源投入とそこから生まれる偶然性を生かしてゆくことが必要である．研究開発には，多くの資源の投入が必要とされている．

しかも計画的に遂行してゆく必要がある．しかしさまざまな試行錯誤を行なう中から新しい発見・発明が生まれるのであり，そこにライバル企業では模倣できない秘密が生まれることになる．

　経営資源の蓄積と強化は，結局は企業で働く従業員の意欲によって大きく作用される．どれだけ意欲をもって取り組むことができるかどうかはその企業の経営者が示す経営理念・ビジョンに大きく依存している．従業員の信頼（trust）を得られるような理念とビジョンを示すことが経営者に強く求められており，さらに，ビジョン実現のための戦略の策定を適切に遂行してゆくことが競争力獲得の鍵になると考えられている．

参考文献

- F. Abell, *Defining The Businss : The Starting Point of Strategic Planning*, Prentice-Hall, 1980. (石井淳蔵訳『事業の定義』千倉書房，1984年)
- I. Ansoff, *Corporate Strategy*, McGraw-Hill, 1965. (広田寿亮訳『企業戦略論』産業能率短期大学出版部，1969年)
- I. Nonaka and H. Takeuchi, *The Knowledge-Creating Company : How Japanese Companies Create the Dynamics of Innovation*, Oxford University Press, 1995. (梅本勝博訳『知識創造企業』東洋経済新報社，1966年)
- M. E. Porter, *Competitive Advantage : Creating and Sustaining Superior Performance*, Free Press, 1985. (土岐坤他訳『競争優位の戦略』ダイヤモンド社，1985年)

第4部

経営の国際化と多国籍企業

第10章　経営の国際化と多国籍企業

第1節　多国籍企業の定義

　国内を対象に事業活動を行なっていた企業が国際化していく場合，いくつかの段階を経て国際化を進めていくのが一般である．国際化の第1段階は輸出である．輸出量が相当に増大すると，企業独自の販売管理を輸出先国においても行なうために支店や現地子会社が設立されることになる．ブランドの管理やマーケット・シェアの管理はこの海外の販売拠点を通して行なわれるようになる．これが企業の国際化の第2段階である．

　さらに海外における販売高が増大すると，より現地の消費者ニーズに合った製品の開発を行なったり，修理などのアフター・サービスを充実させたり，現地の経営環境の変化により迅速に対応したりするために現地に製造子会社が設立されるようになる．すなわち，海外に製造拠点が設立されるのが企業の国際化の第3段階である．

　第4段階は，生産拠点と販売拠点が世界各国に設立されるだけでなく，研究開発や財務管理などの機能部門も世界の最適な場所に設置される段階である．

　企業は，ヒト・カネ・モノ・情報・技術などの経営資源を世界の最適な地域から調達し，経済的に最も合理的なグローバル・ロジスティックス（global logistics）を形成するために，本社の統一的な経営戦略に基づいてこれらの多数の海外拠点を有機的にネット・ワーク化することを目指すのである．その過程でさらに高度の国際化が達成されることになる．

　国際化の進んだ企業は，多国籍企業（multinational corporation）と呼ばれている．多国籍企業という言葉は，1960年にリリエンソール（D. Lilienthal）によって初めて使われ，1963年にビジネス・ウィーク誌（Business Week）で紹

介されたことにより広まったといわれる¹⁾．日本語では多国籍企業と表記されることが最も多いが，英語では Multinational に代わって International, World, Transnational, Global などの語が用いられることも多いし，また Corporation に代わって Firm, Company, Enterprise などの語も用いられる．したがって日本語の多国籍企業ないし国際企業に相当するものは英語においては少なくとも上記の組み合わせの数だけ存在することになる．

　多国籍企業の定義もこれまできわめて多様に行なわれてきた²⁾．国連は多国籍企業を「2カ国以上で財やサービスの生産や販売に従事」している企業と定義しているし，アメリカ国務省は，「資産（工場，鉱山，販売事務所）を2カ国以上の国で有する全ての企業」と定義している．また，ハーバード大学の多国籍企業プロジェクト・チームは，アメリカ企業の海外子会社に対する管理体制が，6カ国への進出を境に分権管理から集権管理に移行する事実に着目し，多国籍企業を「6カ国以上に子会社をもつ企業」と定義している．

　これに対しロルフ（S. E. Rolfe）は，企業の海外事業活動の数量よりも比率を重視し，「売上，投資，生産，資産のいずれかが全体の25％以上ある企業」と定義している³⁾．また，バーノン（R. Vernon）によれば「多国籍企業とは共通の所有者によって結合され，売上高1億ドル以上を有しており，共通の経営戦略をもって対処し，少なくとも6カ国以上で活動しており，さらに少なくとも総資産の20％以上が海外子会社のそれで占められている企業である⁴⁾」．

　多国籍企業の定義は，これまで多くの研究者や国際機関等によって行なわれてきたが，パールミュッター（H. V. Perlmutter）はそれらの定義を3つに分類している⁵⁾．彼らはまず，多国籍企業を海外子会社の数や海外売上高に基づいて，したがって定量的な基準から定義するものと，トップ経営者の姿勢に基づいて，したがって定性的な基準から定義するものに分類する．彼らは定量的な基準を「客観的指標」と呼び，これをさらに企業の組織構造についての定量的基準と企業の成果についての定量的基準とに分けている．パールミュッターは，定量的な基準が多国籍化の進捗度測定の尺度として妥当であるかどうかは議論の余

図表 10—1　多国籍企業化の定義

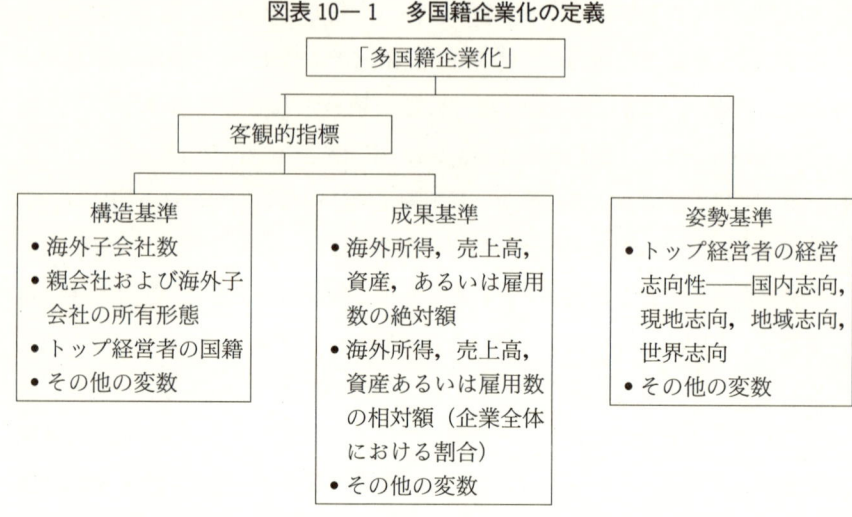

```
                    「多国籍企業化」
                         │
                      客観的指標
          ┌──────────────┼──────────────┐
       構造基準           成果基準           姿勢基準
  ・海外子会社数      ・海外所得，売上高，   ・トップ経営者の経営
  ・親会社および海外子    資産，あるいは雇用     志向性――国内志向，
    会社の所有形態      数の絶対額          現地志向，地域志向，
  ・トップ経営者の国籍  ・海外所得，売上高，    世界志向
  ・その他の変数        資産あるいは雇用数   ・その他の変数
                      の相対額（企業全体
                      における割合）
                    ・その他の変数
```

出所）D. A. Heenan & H. V. Perlmutter, *Multinational Organization Development,* Addison-Wesly Publishing Company, 1979, pp. 15-17（江夏健一・奥村皓一監修，国際ビジネス研究センター訳『グローバル組織開発』文眞堂，1990 年，p. 17）

地があるとしている．すなわち，たとえば事業活動が 7 カ国に及んでいる企業が 10 カ国に及ぶ企業よりも多国籍化が遅れているとは断定できない．そこで彼が企業の多国籍化の度合いを測定するために，上記の客観的指標よりも重視するのが意思決定における経営者の姿勢という定性的基準である．多国籍企業の組織は本国親会社の経営視野（managerial perspective）の投影であり，この経営者の態度・信念は多国籍企業の発展段階を示す 4 つのパターンにステレオタイプ化される[6]．

① 本国志向（ethnocentric）

　意思決定権限は本国の本社に集中し，海外子会社の重要ポストには本国の本社の人材が派遣される．海外子会社はほとんど重要な意思決定権限をもたないから，本社の命令・助言を仰ぐことになる．本国人の方が外国人に比べ，より優れた知識や能力をもち，また信頼できると考える傾向がある．本国志向は外国人に対する偏見からではなく，外国人および外国の環境に対する経験，知識の欠如から生じることが多い．

② 現地志向（polycentric）

　各国の文化は国によって大きく異なっており，外国人には理解しがたいものであるから，現地事業が収益をあげている限り，本社は介入すべきでないという姿勢のことである．現地志向的な組織においては，現地子会社の主要ポストはほとんど現地人によって占められ，雇用契約や人材開発も彼ら自身が担当するなど，現地人管理の面では現地子会社にかなりの自立性が与えられている．親会社の人材は現地に派遣せず，親会社は持株会社的姿勢を保ち，本国人によって構成されている．

③ 地域志向（regiocentric）

　ヨーロッパ，北米，南米，アジアなどは地理的に近いだけでなく，歴史や文化にも多くの共通性がみられるが，地域志向はこのような地域ベースで管理者を採用，訓練，評価，配置していこうとすることである．意思決定権限は地域統括本社に集中しており，地域内子会社間のコミュニケーションは活発に行なわれる．近年のEU統合やNAFTAなども企業管理の地域志向を促進させている．

④ 世界志向（geocentric）

　意思決定にさいし，世界的なシステム・アプローチを用い，各地域を統合しようとするのが世界志向的な姿勢である．親会社と子会社は，自らを有機的な世界統一体の一部と考える．経営幹部は，真の多国籍企業に特有の能力とは世界ベースで資源配分の最適化を図ることであるという姿勢を主要な意思決定に取り入れる．

　パールミュッターは，企業の多国籍化の度合いが高まるに従い，これら4つの経営者の姿勢は国内志向（E），現地志向（P），地域志向（R），世界志向（G）と発展していくであろうと考える[7]．これはEPRGプロファイルと呼ばれるものである．

　このように，多国籍企業の定義において，経営者の姿勢という定性的な基準を重視すべきであるとするパールミュッターの主張は，企業の多国籍化の発展

図表10－2　多国籍企業の在外子会社に対する本社の4つの志向形態

企業の諸側面	志向			
	本国志向	現地志向	地域志向	世界志向
組織の複雑性	本国では複雑、在外子会社は単純	変化に富むが相互に独立	地域ベースで相互依存性が高い	世界ベースで複雑性が増大し、相互依存性は高い
権限；意思決定	本社に集中	本社集中の相対的低下	地域本部に集中および／または在外子会社間の協議増大	世界中の本社および在外子会社の協議
評価と統制	人事考課と業績評価に本社基準を採用	現地で決定	地域で決定	世界および現地を含んだ基準を採用
賞罰；インセンティブ	報酬は本社で厚く、在外子会社で薄い	まちまち、報酬の高低は在外子会社の実績いかんに依存する	報酬は地域目標にそった貢献度に依存する	国際的および現地経営幹部に対する報酬は、現地および世界目標の達成度に依存する
コミュニケーション；情報の流れ	在外子会社に対して大量の命令、指図、助言を行なう	本社と子会社間に限定。子会社相互間ではなし	統括本部に限られるが、地域本社間および各国間で行なわれる	相互コミュニケーションと世界中の在外子会社間で行なわれる
地理的属性	本国籍法人	現地国籍法人	地域企業	真の意味での世界的企業、ただし各国の国益を遵守する
継続性（採用、要員配置、人材開発）	世界中の主要な地位には本国の人材を	現地の主要な地位には現地人を	地域内の主要な地位には同地域の人材を	主要な地位には世界中から人材を

出所）D. A. Heenan & H. V. Perlmutter, *op. cit.*, p. 19 (邦訳書, p. 19).

図表10－3　多国籍化の方向

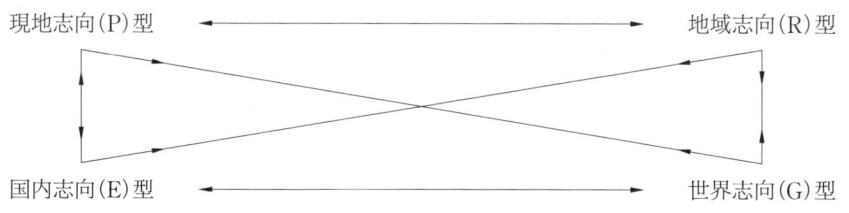

現地志向(P)型　　　　　　　　　　　　　　　地域志向(R)型

国内志向(E)型　　　　　　　　　　　　　　　世界志向(G)型

出所）D. A. Heenan & H. V. Perlmutter, *op. cit.*, p. 21（邦訳書, p. 25）

モデルの提示であるとも考えられる．パールミュッターによれば，現実の企業は常に必ずしもこの EPRG の順で多国籍化を進めていくとは限らない．世界的視野をもつ最高経営幹部が就任し，多国籍化が高度に推進されたような場合には，国内志向から直接世界志向へ進展することもあれば，たとえばこのような最高経営幹部が退職したというような場合には世界志向から地域志向，現地志向，あるいは国内志向へと逆行する場合もありうる．

第2節　ロビンソンの多国籍企業発展モデル

企業が国際化を進めていく場合，いくつかの段階を経て発展していくのが一般的であるが，リチャード・ロビンソン（R. D. Robinson）はアメリカ企業をモデルとして，国際化の発展段階を意思決定権限の所在や組織構造の観点から6段階に分類したモデルを提示している．彼は企業の海外売上高の成長に伴い経営構造が発展し，企業の国際化が第1段階から第6段階へと進化論的に進むと主張する．[8]

① 国内（domestic）企業

　各事業部がそれ自身の海外販売を取り扱っており，輸出は大部分が偶発的な海外からの注文によって始められる．「国内企業」の組織構造は，海外の潜在市場が小さい場合，事業部が製品別に組織されている場合，および事業部が相対的に自立的で大規模な場合には適している．

② 輸出志向（foreign oriented）企業

　海外販売比率が増大し，またトップ・マネジメントが海外ビジネスは国内

図表 10－4　各発展段階企業の経営パターンの特徴（単位：％）

	海外販売比率	海外生産になる製品の総額	海外生産になる海外資産総額	海外からの利益が全体に占める割合
A．国内企業（専門化した輸出活動はしていない）	0～10	0	0	0～15
B．輸出企業（専門的な輸出活動）	10～20	0～5	0～5	15～20
C．国際企業（輸出偏重は除かれていて，種々の戦略になる海外市場進出が重視されている）	20～40	5～30	5～20	20～40
D．多国籍企業（国内と海外の意思決定の不一致は最小限になっている）	40～60	30～60	30～50	40～70
E．超国籍企業（法的制約を除いて意思決定の際の国による偏りは全く除かれている）	60～80	60～100	50～90	70～95

出所）R. D. Robinson *Internationalization of Business : An Introduction,* Holt, Rinehart & Winston, 1984.（入江猪太郎監訳，多国籍企業研究会訳『国際経営戦略論』文眞堂，1985年，p.368

ビジネスに比べ利益が多いと認識するようになると，海外市場開発の権限が本社に設置された海外事業部または輸出部に集権化される．海外事業部または輸出部は最初はスタッフ部門として誕生することが多いが，海外活動に関してしだいにライン権限を握るようになり，ついには現業事業部と摩擦を生ずるようになる．海外事業をラインの立場からコントロールする必要性が経営者によって認識されるようになると，組織構造は国際事業部をもつ次の発展段階へと進むことになる．輸出志向企業では，国際活動に対する関心や専門知識はスタッフ部門に限られており，事業活動に関する意思決定は国内事業部と国内志向スタッフ部門が行なっているため，本国志向の強い意思決定が行なわれる．

③ 国際（international）企業

　国際企業の組織構造上の特徴は，国際事業部をもつことである．国際事業

部は，海外での最も利益のある事業機会を，輸出，輸入，ライセシング，技術援助または経営指導の販売，委託生産，製造子会社または合弁事業への投資，あるいは借入資本の提供などを通じて，実現するように組織され，またそうした人材を置いているのが理想である．しかし，当初国際事業部は国内事業部に技術や製品，人材などの多くを依存するにもかかわらず，国際事業部への協力は国内事業部の利益に何ら貢献するものではないために，経営資源の調達において国際事業部は多くの困難に直面する．

国際企業では，国際活動に関する関心やスキルは国際事業部がもっているが，職能に関する専門知識は国内の事業部と国内を志向したスタッフ部門の手に残されている．輸出以外の海外進出戦略も考慮されるが，意思決定は依然として本国に強く固執している．初期の段階では海外事業の自立性は強いが，やがて集権化への圧力が強くなり，海外の主要な職位は本国籍の人によって占められるようになる．

国際事業部は次のような場合に適している．ⅰ）総売上高に占める米国以外の売上高の割合が小さい場合，ⅱ）会社の海外事業がごくわずかの国々でなされている場合，ⅲ）会社には国際経験のある経営者がごくわずかしかない場合，ⅳ）会社の製品品種がごくわずかである場合，ⅴ）販売や生産戦略が国ごとで相違する率が少なく，したがって環境の影響をあまり受けないような製品の場合である．海外事業の成長とともに，この条件の一つでも欠けるようになると企業への組織構造は次の多国籍型へと移っていくことになる．

④ 多国籍（multinational）企業

国際活動に関する関心と専門知識は企業全体に行き渡っているが，本社のトップ経営者のほとんどが本国籍であり，基本的に国際経験とスキルを欠いた人々である．最初は海外への事業に大幅な自立性が認められていても，世界的視野に立った経営資源の総合的管理から得られる利益が重視されるようになると，本社による集権的管理に移行するようになる．これは，より大き

な自立性を求める現地管理者を応援する受入国政府との摩擦を生むことになる．多国籍企業はやがて意思疎通の障害，コントロールの喪失，高まる政治圧力，および外国人経営人材の喪失など，多国籍企業に内在する圧力によって次の段階へと推し進められることになる．

⑤ 超国籍（transnational）企業

超国籍企業とは，所有権と経営者が多国籍化し，したがって意思決定と運営については国家の法的制約を受けているが，それを除けばすでにナショナル・アイデンティティを失っている企業である．意思決定は集権化されているが，法的制約を除けば本国志向による偏りはなくなっている．企業は特定国に対する忠誠心を喪失しており，したがって本国政府と衝突する方向に進んでいる．

⑥ 脱国籍（supranational）企業

脱国籍企業は，会社を監督している国際政治体制とコンフリクトを起こさない限り，経営者は企業目標に従い世界的視野に立って，組織上，心理上，そして法律上も自由に資源を移動できる．

ロビンソンは，企業が海外事業活動の比率が高まるに従い段階的にその組織形態を発展させていくのは，それぞれの段階で企業システムに内在する圧力が働くためであると主張している．そして彼はパールミュッターの発展段階モデルを，このようなダイナミックなシステムとして描写することができていないだけでなく，一層深い分析もできていないと批判している[9]．

第3節　バーノンの多国籍企業発展モデル

企業の国際化の発展段階をプロダクト・ライフ・サイクル（product life cycle）の発展段階からモデル化したのがバーノンである．IBMやフォード自動車など，アメリカ企業の行動分析から得られたバーノンのプロダクト・ライフ・サイクル・モデルは，新製品の段階，成熟製品の段階，標準製品の段階の3段階から成る[10]．

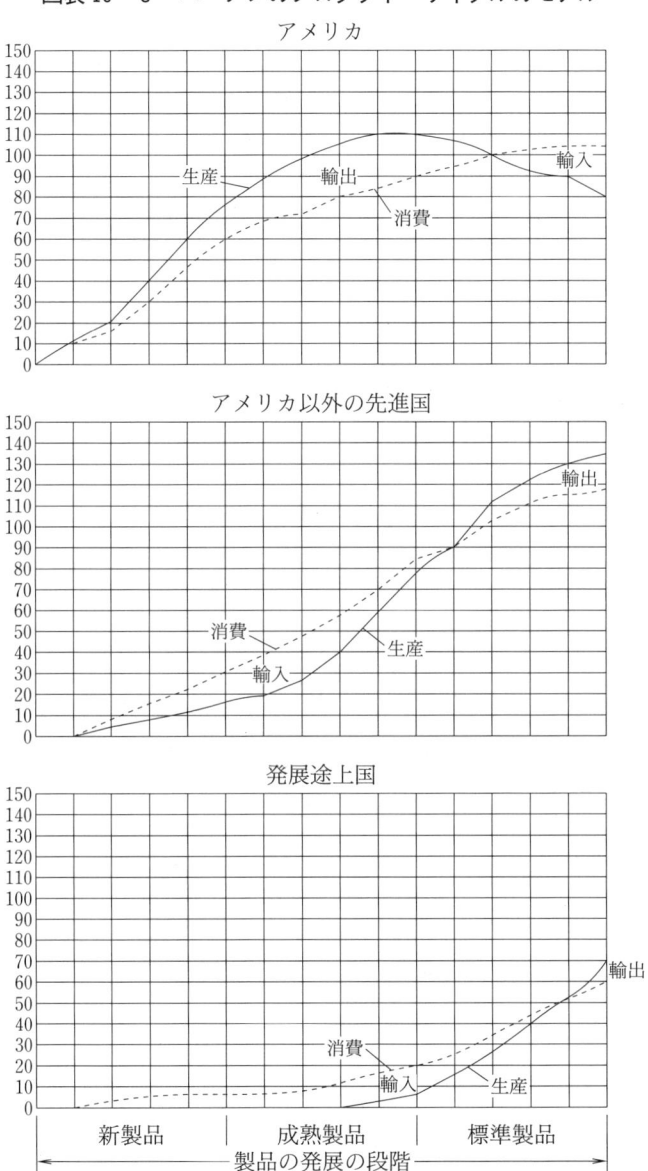

第10章　経営の国際化と多国籍企業　141

図表10-5　バーノンのプロダクト・サイクルのモデル

アメリカ

アメリカ以外の先進国

発展途上国

新製品 ｜ 成熟製品 ｜ 標準製品
製品の発展の段階

出所）R Vernon, "International Investment and International Trade in the Product Cycle" *Quarterly Journal of Economics* LXXX, No. 2, May 1966, p. 199.

バーノンのモデルもまた高い製品開発力をもつアメリカ製造業と大きな購買力をもつアメリカ市場をまず最初に前提としている．アメリカ市場に新製品が導入されると，当初は価格が高く購買者もごく一部の層に限られている．製品の宣伝や生産性の向上による価格の引き下げにより製品はアメリカ市場にしだいに普及していくが，アメリカにおける生産が国内消費を上回っているため，製品の一部は先進国に輸出される．アメリカ企業は技術優位をテコに輸出を増大させる．

製品がアメリカ市場に広く行き渡り，ほとんどの階層に購買層が広がる成熟製品の段階になると，市場成長率は鈍化から横ばい状態となる．これまで輸出先であった先進国においても需要が増大するが，輸入に対する障壁や規制が設けられるようになるため，アメリカ企業はこれまでの先進国における市場優位を維持・拡大するために，先進諸国に海外生産拠点を設けるようになる．生産拠点はアメリカから先進諸国に移転し，アメリカはやがて製品の輸入国に転換していく．

第3の標準製品の段階においては多くの企業の参入により，市場での競争は激しくなる．競争上の優位性は技術から生産費に変わってくる．先進諸国の企業が価格の面でアメリカより優位性をもつようになるとアメリカ企業はこの製品の生産を停止するようになり，アメリカはこの製品の輸入国へと変わっていく．

先進国企業の輸出はアメリカに対してだけでなく，発展途上国に対しても行なわれるようになる．先進国から発展途上国への輸出が増大すると，ちょうどアメリカと先進国との間で起こったような一連のプロセスが再現することになり，この製品の生産拠点は先進国から発展途上国へと移っていくことになる．このようにアメリカ企業は先進国から途上国へと生産拠点を移しながら，また先進国企業は発展途上国へ生産拠点を移しながら，熾烈な競争を繰り広げつつ，多国籍化を進めていくことになる．

多国籍企業の発展段階モデルは，一般的に，特定の時代のアメリカ企業には

よく当てはまるが，最近の多国籍企業の動向や，日本やヨーロッパの多国籍化過程の説明には説得力に欠けるとの批判がなされてきた．バーノンのプロダクト・ライフ・サイクル・モデルに対しても，① アメリカではなく，日本やヨーロッパから生産開始される製品もあること，② 導入期段階から直接現地生産される新製品もあること，③ かつての日本企業や現在の NIEs の多国籍企業のように技術優位をもたないでも中位技術や適正技術で多国籍化していく例もあることなど，このモデルの適性性についての指摘も多くなされている．11)

日本企業の多国籍化がアメリカの伝統的な多国籍企業論が提示したような発展段階説とは異なる発展過程を経てきたと主張する研究者は多い．たとえば中垣昇氏は，日本企業の多国籍化のパターンは，まず輸出先である先進国に販売拠点を設置し，発展途上国に製造拠点・販売拠点を設け，そして次に先進国に海外生産拠点を設置するというものであったと主張する．12) その上で，当初の日本企業の多国籍化過程の特徴を，次の7点に要約している．

① アジアなど発展途上国に集中している
② 小規模な投資が多い
③ 労働集約的な最終生産工程の海外移転が中心
④ 標準化技術をベースにするものが多い
⑤ 現地市場をねらうものが多い
⑥ 合弁企業が多い
⑦ 新たに企業を作る（既存企業の買収ではない）ことによって，海外進出するケースが多い

さらに1970年代後半から80年代の円高の時期には，日本企業は先進国に海外生産拠点を設けることにより，新しい日本的展開パターンが展開された段階では，次のような特徴をもつと主張している．

① 先進国向けの生産投資の増大
② 投資の大規模化
③ 既存企業の買収による海外進出の増加

④ 海外における多国籍化の進展
⑤ 先端技術をベースにする海外進出

注)
1) 竹内昭夫『新・国際経営学』同文舘, 1993年, p. 25
2) 以下の定義については, 次を参照のこと. 内田吉英『多国籍企業論』御茶の水書房, 1993年, p. 4
3) S. E. Rolfe, *The International Corporation in Perspective, The Multinational Corporation in the World Economy*, Praeger, 1970.
4) R. Vernon, *Sovereignty at Bay : The Multinational Spread of U. S. Enterprise,* Basic Books, 1971. (霍見芳浩訳『多国籍企業の新展開』ダイヤモンド社, 1973年)
5) D. A. Heenan & H. V. Perlmutter, *Multinational Organization Development,* Addison-Wesly Publishing Company, 1979, pp. 15-17. (江夏健一・奥村皓一監修, 国際ビジネス研究センター訳『グローバル組織開発』文眞堂, 1990年, pp. 16-17)
6) D. A. Heenan & H. V. Perlmutter, *op. cit.*, pp. 17-20. (江夏・奥村監修, 同上訳書 pp. 18-21, および巻末の監訳者解題)
7) D. A. Heenan & H. V. Perlmutter, *op. cit.*, p. 21. (江夏・奥村監修, 同上邦訳書, p. 22)
8) R. D. Robinson, *Internationalization of Business : An Introduction*, Holt, Rinehart & Winston, 1984. (入江猪太郎監訳, 多国籍企業研究会訳,『国際経営戦略論』文眞堂, 1985年, pp. 366-380)
9) R. D. Robinson, *op. cit.*, p. 312. (入江監訳, 前掲訳書, pp. 384-385)
10) バーノン・モデルについては次を参照のこと. 中垣昇『日本企業の国際化戦略』中央経済社, 1991年, pp. 53-56. 中村久人『経営管理のグローバル化』同文舘, 1991年, pp. 12-15
11) 中村久人, 前掲書, pp. 14-15. 中垣昇氏もこれらの伝統的な多国籍企業論についての多くの問題点を指摘している. 次を参照のこと. 中垣昇, 前掲書, pp. 59-60
12) 以下の中垣氏の所論については, 中垣, 前掲書, pp. 60-61

第11章　多国籍企業組織の発展

第1節　国内企業組織と多国籍企業組織

　これまでみてきたように，企業の国際化はいくつかの発展段階を経て進められていくという説が有力である．国際化し，海外に拡大する企業の業務を管理するための組織もまた，段階的に発展していくと考えられている．

　アメリカ企業の多国籍化は1950年代に急速に進展し，幾度もの組織変革を経て今日に至っている．アメリカ多国籍企業170社について実証研究を行なったストップフォード＝ウェルズ（J. M. Stopford and L. T. Wells）は組織構造の発展には基本的パターンがあることを発見した．本章では，ストップフォード＝ウェルズの所論を中心に多国籍企業組織の発展について検討する．

　彼らは，チャンドラー（A. D. Chandler）[1]に従い戦略を「一企業体の基本的な長期的目的を決定し，これらの諸目的を遂行するために必要な行動方式を採択し，経営資本を割り当てること」と定義し，また組織構造を「企業を管理する組織の仕組み」[2]と定義する．さらに「組織は戦略によってつくられる」[3]というチャンドラーの結論を踏襲し，組織構造と戦略の関係を次のように説明する．

　「戦略と組織との間には，その企業の業種のいかんを問わず，密接な関係があることがわかっている．だから類似の戦略を追求している企業の経営者は，業種が全く違っても，類似の組織構造と所有政策を編み出してきた．

　組織構造は，いったんできあがると，大部分の場合に多国籍企業の戦略の選択に決まって影響を及ぼしている．戦略と組織との間の関係は，戦略がまずはじめに決定され，次いでこれを達成するために組織がつくられるというような単純なものではない．組織変革に迫られている企業内での，組織改編に要する犠牲や，利害関係をもつグループの抵抗によって，既存組織に変革を要求して

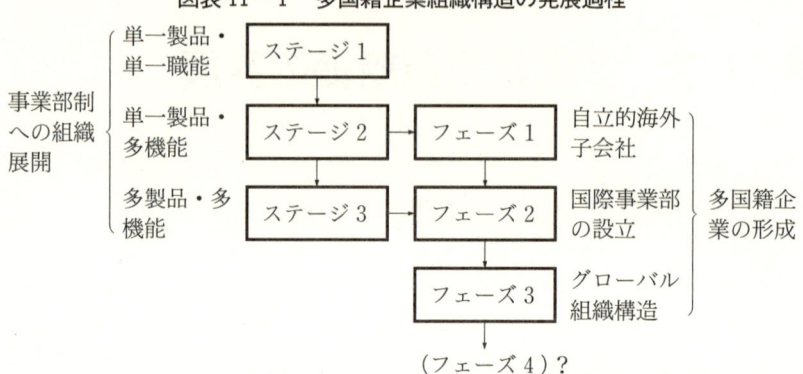

図表 11−1　多国籍企業組織構造の発展過程

```
                ┌ 単一製品・
                │ 単一職能      ┌─ステージ1─┐
事業部制        │
への組織     ─┤ 単一製品・   ┌─ステージ2─┐  ┌─フェーズ1─┐   自立的海外
展開            │ 多機能                                              子会社      ┐
                │                                                                 │
                │ 多製品・多    ┌─ステージ3─┐  ┌─フェーズ2─┐   国際事業部    ├ 多国籍企
                └ 機能                                              の設立        │ 業の形成
                                                  ┌─フェーズ3─┐   グローバル    │
                                                                    組織構造      ┘
                                                  （フェーズ4）？
```

出所）ストップフォード＝ウェルズ著，山崎清訳『多国籍企業の組織と所有政策』ダイヤモンド社，1976年，「訳者のことば」p. 3.

いる戦略の導入が妨げられることがしばしばである。」[4]

　ストップフォード＝ウェルズは，企業の組織構造が段階的に発展すると主張する．企業は特定の発展段階で特定の組織構造に習熟し，そこで知識や技能を蓄積し，それを修正・応用することにより高次の段階に進むのである．彼らは，組織構造の発展過程を国内企業の発展過程と多国籍企業の発展過程とに分ける．国内企業の組織構造は，組織内に職能の水平的分業がみられない構造（ステージ1），職能部門構造（ステージ2），事業部構造（ステージ3）の段階を経て発展する．他方，多国籍企業の組織構造は，海外に自立的子会社を有する組織構造（フェーズ1），国際事業部を有する組織構造（フェーズ2），グローバル組織構造（フェーズ3）の順に発展する．ストップフォード＝ウェルズの主張する国内企業の発展過程と多国籍企業の発展過程との関係は，山崎清教授に従って図表11−1のように説明することができる．すなわち，一般にステージ2の企業が海外進出をする場合にはその組織構造はフェーズ1に変革され，ステージ3の企業が海外進出を企てる場合には組織構造はフェーズ2に変革される．

　以下，ストップフォード＝ウェルズに従い，事業部制組織構造へ至る発展過程（第2節）を，グローバル組織構造へ至る発展過程（第3節），ストップフォ

ード＝ウェルズが多国籍企業発展の第4段階, すなわちフェーズ4としての可能性を示唆したマトリックス組織（第4節）の順にみていくことにしよう．

第2節　事業部制組織構造への発展過程

　ストップフォード＝ウェルズは，国内企業の経営組織が3つのステージ（段階）を経て発展することを説いている．ステージ1には，所有型経営者によって運営される規模の小さな企業があてはまる．この組織構造をとる企業では管理職能のほとんどが下部に委譲されず，社長によって担当される．しかし，企業規模が拡大するとともに管理職能も増大し，社長1人によってこの職能を遂行することはしだいに困難となる．

　そこでステージ2においては，職能部門が設立される．営業部，製造部，経理部などが設置され，職能の水平的分業が行なわれるのである．ステージ2構造は各職能部門と社長室を中心に構成されており，各職能部門には部門の長とその下の中間管理者が任命される．各部門間の調整は社長によって行なわれる．

　この組織構造は，これまで一般に「部門別直系組織」と呼ばれてきたものであり，職位の垂直的分業を中心として編成される組織であるところから，すべての従業員がただひとりの上司からのみ命令および監督をうけること，また各管理階層の管理者に関して，同じ階層の管理者相互間に原則として交渉のないことをその特徴としている．したがって，この組織構造は堅固な階層構造を通して社長の意思が各階層の管理者から末端の従業員まで直線的に伝達される構造である．

　この組織構造においては各職位担当者間の責任・命令が明確に規定されており，指揮・命令系統が単純明解であるため，組織の秩序を容易に確保することができ，また組織構造が単純であるため，管理費用を節約することができる．その反面，組織の下部から上部への情報伝達に円滑を欠くこと，また組織が官僚主義的となり，環境の変化に対して敏感に反応することが困難であること，さらにいわゆる「集権的組織」であるため，上位の管理者に過大な負担がかか

るという短所をもつものであるといわれてきた．

　これに対し，ストップフォード＝ウェルズは，この組織構造に対する従来の評価にほぼ従いながらも，情報伝達という側面からこれを再評価する．彼らはステージ2構造を職能部門構造（functional structure）とも呼び，それらが堅固な階層構造（hierarchical structure）を形成していることに一つの特徴を見出しているのであるが，そのことが組織の情報伝達経路の単純化・明確化に大いに寄与していると述べている．

　「もし大規模かつ複雑な組織を階層構造なしに動かそうとすれば，システム内のコミュニケーションをはかる上で重大な支障が起こるであろう．中規模企業においても，企業内の各組織単位が相互に直接にコミュニケーションをはかるために情報経路を設けたとすれば，それは天文学的な数にのぼる．階層構造は，一群の調整役により，組織単位間の情報流通をはかるシステムを提供している．たとえば，営業担当副社長は，地域担当営業管理者達（regional sales managers）の調整役である．この調整役は，組織単位間の直接コミュニケーションに必要な情報経路数を，かなり下部のものまで，削減する役割を果たしている．[5]」

　同時に，彼らは職能部門構造の欠点を情報伝達の側面から3つあげている．第1は，各職能部門内の意思疎通に比べて各職能部門間の意思疎通がむずかしいということである．このような困難は特定の職能部門がその部門内でのみ通用する「記号体系」（coding system）をつくりあげてしまうことに起因している．

　第2に，職能部門構造は，それが大きな組織である場合には，各下部組織間の組織内での「距離」は大きなものとなってしまい，下部組織間の情報伝達において「雑音」の入り込む余地が多く，正確な情報伝達が困難となる．元来，「部門別直系組織」は統制の範囲（span of control）の原則に制約され，組織階層数の多い，いわゆる「腰高の組織」（tall organization）となる嫌いがあったが，この「腰高の組織」はその長い情報伝達経路を情報が伝わるうちに，情報

に「ゆがみ」を生ずる恐れのあることがこれまでにもしばしば指摘されてきた．これは，いわば縦の組織内情報伝達についての欠陥であるということができる．これに対してストップフォード＝ウェルズの指摘は，横の組織内情報伝達に関する欠陥である．

第3は，階層数が多い場合には，環境変化に対して迅速に全組織的対応をとることが困難なことである．組織階層数が多いと，組織内の特定の下部組織に環境変化による衝撃を受けた場合にも，その衝撃の影響が組織全体に伝わらず，直接衝撃を受けた下部組織内にとどまることが多い．このことは，衝撃による撹乱が当該下部組織のみに留まり組織全体に波及しないという限りでは長所となるが，環境変化に対して迅速な全組織的対応が要求されるような場合には，逆に欠点となるのである．

一般に，集権的組織においては上位の管理者に過大な負担がかかるという欠陥のあることはすでに述べたとおりであるが，ストップフォード＝ウェルズも彼らのいうところの「職能部門構造」に同様の欠陥を見出している．それゆえ「職能部門構造」ないしステージ2構造は活動の安定した単一系列の製品を扱う企業に適している．しかし，その場合にも上述の欠陥により，上位の管理者は日常的業務に忙殺されることになり，戦略的問題を扱うことはきわめて困難となる．

製鉄業や製紙業などの素材産業においてステージ2構造の大規模なものがみられるが，これらの業種では対象とする市場と関連技術の変化の速度が緩やかである．職能部門組織のような中央集権型ネットワークは，安定的環境の下で行なわれる日常的業務に対して最も効率的である，ということが各種のコミュニケーションネットワークの動態に関する研究から明らかになっている．[6]

ストップフォード＝ウェルズの掲げるステージ3構造は，事業部構造（divisional structure）である．彼らは，この組織構造の説明においても情報伝達の側面を強調するのであるが，彼らの主張を理解するためには，まず事業部制組織に関する従来の見解を整理しておくことが必要であろう．

事業部制組織（divisionalized organization）は本部と製品別あるいは地域別に分割されたいくつかの事業部から成り，各事業部は本部からそれぞれの事業部における製造と販売に関する大幅な権限の委譲を受けている。そこで事業部制組織は，それぞれの事業部門の活動に関する広範な決定権をもち，またそれぞれの事業部門に製造や販売などの職能部門を有する，半ば独立的な組織の集合として，理解することができる。

ところで事業部制組織の形成は，今世紀の初頭以来，電気産業や自動車産業を中心とする企業の多角化政策によって促進されてきた[7]。企業が同時に多種類の製品を生産する場合には，生産に要する技術，生産方法，労働の質などはそれぞれの製品種類ごとに異なり，また販売においても製品の種類ごとにその市場が異なる。生産技術，生産方法，労働の質，市場などを異にする多種類の製品を「職能部門構造」によって，すなわち購買，製造，販売などの職能部門ごとに管理することはきわめて困難である。製品多角化政策をとる企業には，むしろ各種の製品ないし製品系列を基準として部門を設置し，そのうえで各製品部門がさらにそれぞれ購買，製造，販売などの職能部門をもつような組織構造が適している。また，企業活動が広範な地域に及ぶような場合にもしばしば同様の組織構造が採用されてきた。すなわち，経営組織をまず地域別に分割し，それぞれの地域ごとに購買，製造，販売などの職能部門を設置する組織構造である。これらの組織がそれぞれ「製品別事業部組織」，「地域別事業部組織」と呼ばれているのは周知の通りである。

事業部構造は今や大企業の最も一般的な組織構造であるということができる。ルメルト（R. P. Rumelt）は，アメリカ大企業への事業部制組織の普及状況を次のように述べている。

「1960年代末までに，多くの大企業が製品別事業部制組織を採用していたことについては，すでに十分実証されている。リグレイの推定によれば，1967年度の最大産業会社の500社の86％が，製品別事業部制組織を有していた。そして，フォレイカーとストップフォードの指摘によれば，海外直接投資を行

第11章　多国籍企業組織の発展　151

なっているアメリカ大企業170社の89.4％が，事業部制の方向に沿って組織化されていた．さらに，チャンドラーの研究は定量的なものではないが，最初の製品別事業部制組織は，アメリカにおいて今世紀の初頭の10年間に出現したことと，大企業の増加によって，長期的にみれば，この構造が採用される傾向があることを示している．それにもかかわらず，図表11－2と図表11－3に示されているデータは，有意なある期間にわたって，この現象を定量的に分析した最初の研究と考えられるものである．その結果は，予想外に劇的なものであった．つまり，1949年から69年のあいだに製品別事業部制組織を有する企業の最大500社に対する推定百分比は，20.3％から75.9％に増加しているが，これは1年間に500社のうち，常に14社が製品別事業部制を採用した割合になることを示している．

　最大500社における製品別事業部制企業の増加に伴う必然的な結果は，もちろん，職能別に組織化された企業の減少であった．1949年から69年の間に，職能別に組織化された企業の割合は，62.7％から11.2％に減少した．"変化の原因"と題された次項の中でみるように，この減少の大部分は，職能別に組織化された企業が上位500社から脱落したからではなく，むしろ製品別事業部制組織を採用したことによるものである[8]」．

　さて，事業部制組織は本部から各事業部への大幅な権限委譲をその組織的特徴の一つとするものであったが，それゆえに事業部制組織は分権的組織（decentralized organization）の典型として論じられてきた．しかし，事業部制組織には分権的側面だけでなく，集権的側面のあることも早くから指摘されてきた．一般に，事業部制組織においては，本部で決定された範囲内での，主として業務執行に関する権限が各事業部に委譲される．業務執行に関する権限が執行活動を行なっている組織単位にできる限り近づけて付与されるため，環境の急変などにさいしては，いちいち本部の判断を仰ぐことなく機敏に対応しうることになる．しかし，業務執行に関する権限を下部に委譲した分だけ本部の管理者の職務は軽減され，彼らは全社的方針の決定，各事業部門の調整，各事

図表 11−2　各組織グループに入る企業の推定百分比（1949～1969 年）

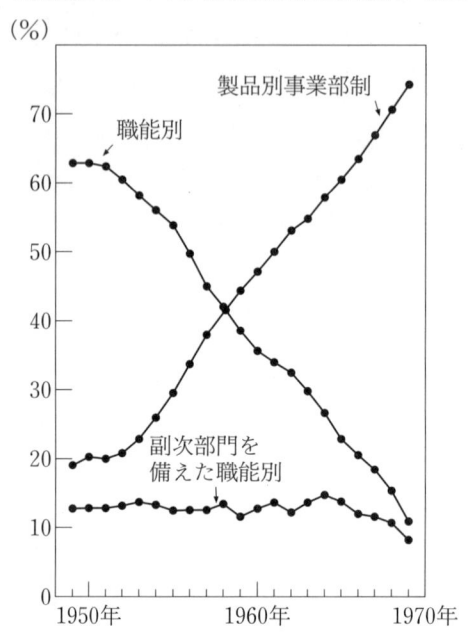

出所）R. P. Rumelt, *Strategy Structure, and Economic Performance*, 1974, p. 66.（鳥羽欽一郎ほか訳『多角化戦略と経済成果』東洋経済新報社，1977 年，p. 85）

図表 11−3　各組織カテゴリーに入る企業の推定百分比

組織カテゴリー	1949年	1959年	1969年
職能別	62.7	36.3	11.2
副次部門を備えた職能別	13.4	12.6	9.4
製品別事業部制	19.8	47.6	75.5
地域別事業部制	0.4	2.1	1.5
特殊会社	3.7	1.4	2.4
推定値を抽出するために使用された企業数	189	207	183

出所）Rumelt, *op. cit.*, p. 65，邦訳書，p. 85

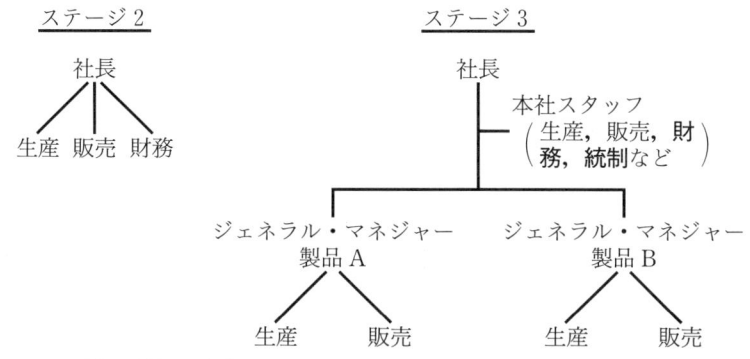

第11章　多国籍企業組織の発展　153

図表11－4　ステージ2・ステージ3構造概念図

```
ステージ2                    ステージ3
    社長                         社長
   ／│＼                         │
  ／ │ ＼                    本社スタッフ
 生産 販売 財務              （生産，販売，財
                              務，統制など）
                         ／              ＼
                ジェネラル・マネジャー    ジェネラル・マネジャー
                      製品A                  製品B
                     ／  ＼                 ／  ＼
                    生産  販売             生産  販売
```

注　ゴシック活字の職能は現業責任を示す．それ以外の職能は助言および調整の役割を示す．財務および統制グループの業務上の役割については本文参照．
出所）J. M. Stopford and L. T. Wells, Jr., *Managing The Multinational Enterprise*, 1972, p. 16.（山崎清訳『多国籍企業の組織と所有政策』ダイヤモンド社，1976年，p.24）

業部の業績評価などの業務に努力を傾注することができるようになるため，本部による各事業部のコントロールに関しては，逆に本部の権限は格段に強化されることとなるのである．すなわち，「細かい問題は一切事業部に権限を委譲しただけ，かえって本社の権力は強化されているという見方もできる」[9]のである．

　ストップフォードは，「事業部構造」ないしステージ3構造の特徴を「職能部門構造」ないしステージ2構造との対比から次のように説明する[10]．

　第1の特徴は，ステージ3構造内の事業部は，ステージ2構造の職能部門序列に類似していることである．ただし，財務部門だけは事業部組織から本社に移されここで統括されている．第2の特徴は，各事業部はプロフィット・センターであり，その収支は，企業全体の収支とは別に評価されうるようになっていることである．第3の特徴は，社長の果たすべき役割は，戦略の決定と，各事業部間の均衡の維持にあり，職能部門の日常的調整は2次的なものになっていることである．第4の特徴は，各事業部の事業活動の境界は，製品の相違に基づいており，ステージ2構造でのように職能活動の相違によるものではないことである．第5の特徴は，ステージ3構造には若干のスタッフ・グループが

設けられており，もっぱら情報を流したり，事業部間の相互作用を監視したり，助言したりしていることである．このグループは，現業部門の短期的管理にはまったく関与していない．

また，すでに述べたように，事業部制組織においてはその分権的側面と同時に集権的側面が指摘されているのであるが，ストップフォード＝ウェルズはこれを各事業部の自律性維持と本部による事業部統制との関係として捉える．両者は互いに，トレード・オフの関係にあり，本部と各事業部との3種類の結合関係（linkages）によってこのトレード・オフ関係の均衡が保たれている[11]．

第1に，本部の統制機能によって本部と事業部との結合関係が維持される．本部は各事業部の業績を監視し，目標が達せられなかった場合には活動の修正を求める．また，本部から各事業部への資金割当手続も統制機能を果たしている．各事業部に割当てられる資金は経営戦略に基づいて増やされたり減らされたりするのであるが，戦略的資金割当決定にさいしては，本部スタッフ・グループのうち財務グループと統制グループによって必要なデータの大部分が作成されるため，資金割当手続を介した統制においてはこの2つのグループが大きな影響力をもっている．

第2に，計画立案過程（planning process）を介して事業部間の結合関係が維持される．企業の戦略計画は各事業部と財務グループが提供する情報に基づいて策定されるのであるが，この計画立案過程で事業部間のコミュニケーションが促進される．さらに，各事業部は全社的経営戦略に基づいて協調的行動をとることが要請されるので，「各事業部の行動は，全社的経営戦略の枠組みと，他事業部の行動の双方から制約を受ける」．

第3に，本部の他のスタッフ・グループによっても事業部間の結合関係が維持される．

「このグループは，事業部間の直接相互作用を調整する．この直接相互作用は，全社的システム内に限られる場合もあろう．たとえば事業部門間で半製品を移転する場合がこれである．これに対しこの直接相互作用が社外にわたる場

合もあろう．たとえば同一の販売チャネルを通して複数事業部の製品を販売する場合がこれである．また全事業部間に共通な問題の一部を，スタッフ・グループは担当する．たとえば，法律問題や全社的広報は一般に本社担当である．これは，整合性のある行動をとることの利益の方が，事業部の自主性を抑えることの損失を相殺してなおあまりあるという仮定に基づいている．」[12]

　一般に，事業部制組織には，第1に最高管理者が執行的な仕事から解放されるため，彼らが本来なさなければならない全社的・戦略的な意思決定に専念することができること，第2に，事業部の幹部職員は将来の最高管理者としての訓練を受けることができること，第3に，権限が管理階層の下部に委譲されるため，従業員のモラールを向上させる効果があることなどの長所が認められている．これらに対して事業部制組織の短所は，第1に，各事業部間に過度の競争意識が生じ，事業部間に対立・抗争が生じやすいこと，第2に，人員や資源が各部門で重複し，組織に無駄が生ずることなどである．

　アメリカ大企業についての実証研究から，ストップフォード＝ウェルズは企業の組織構造が一連の段階を経て発展するという結論を導き出した．企業はある組織構造を導入し，それに習熟するとその組織構造の長所と短所を見極め得るようになり，やがてこれを修正・応用して新たな組織構造の導入に向かうのである．企業組織の段階的発展において，事業部制組織のもつ意義はきわめて大きい．各事業部は将来のトップ・マネジメント養成の絶好の場となり，組織変革や戦略の問題を扱うことのできる人材を安定的に供給することができるからである．事業部制組織の採用によって，企業は有能な人的資源を蓄積し，将来の組織展開に備えることができるようになる．

　そして次にみるように，ストップフォード＝ウェルズによる組織構造の段階的発展説は，企業の海外進出を説明するものとしてよく知られている．

第3節　グローバル組織構造への発展過程

　ストップフォード＝ウェルズは多国籍企業の発展過程をフェーズ1からフェ

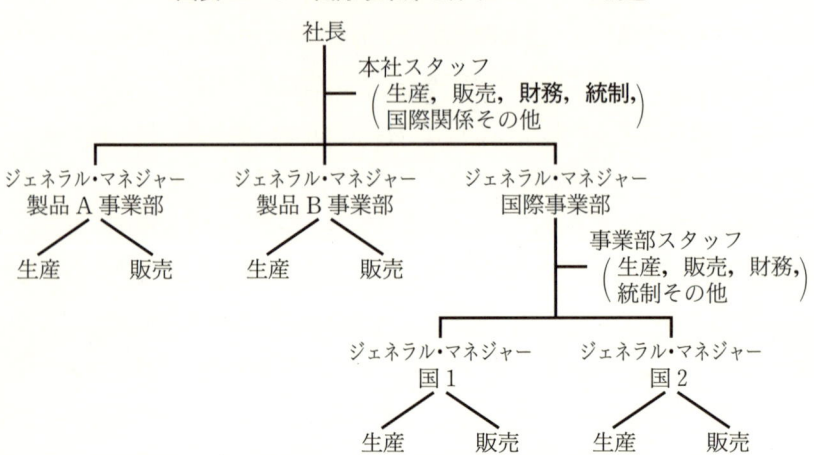

図表 11—5　国際事業部を伴うステージ 3 構造

```
                        社長
                         │
                         ├─本社スタッフ
                         │  (生産, 販売, 財務, 統制,
                         │   国際関係その他)
         ┌───────────────┼───────────────┐
    ジェネラル・マネジャー   ジェネラル・マネジャー   ジェネラル・マネジャー
      製品 A 事業部         製品 B 事業部         国際事業部
      ┌────┐              ┌────┐                 │
     生産  販売           生産  販売             ├─事業部スタッフ
                                                │  (生産, 販売, 財務,
                                                │   統制その他)
                                  ┌─────────────┴─────────────┐
                             ジェネラル・マネジャー       ジェネラル・マネジャー
                                   国 1                       国 2
                                 ┌────┐                     ┌────┐
                                生産  販売                  生産  販売
```

注　ゴシック活字の職能は現業責任を示す．それ以外の職能は助言と調整の役割．
出所）J. M. Stopford and L. T. Wells, Jr., *op. cit.,* p. 23.（邦訳書, p. 34）

ーズ 3 に至る段階的過程として提示しているのであるが，この一連の過程は多国籍企業の集権化を志向する組織展開であると考えることができる．

　企業の海外進出はまず海外に子会社を設立する（フェーズ 1）ことに始まるのであるが，そのさいに本社から派遣される海外子会社のマネジャーには大幅な権限の委譲が行なわれる．その結果，海外子会社は比較的自立的に運営されることになる．当初，本社の経営者は海外事業に関する知識を十分にもたないため，海外子会社を統制する能力を欠如しているだけでなく，海外子会社も当面，小規模なものに留まるため，本社への送金以外にはあまり関心が払われない．海外子会社のマネジャーに大きな権限が与えられるのはこのような理由によるものである．

　しかし，海外子会社が成長し，また海外事業活動の比重が増大するとともに本社経営者の海外子会社への関心もしだいに高まり，やがて国際事業部が設立される（フェーズ 2）ことになる．ストップフォード＝ウェルズの調査によれば，彼らの調査対象会社の 60％以上が 4 つの海外子会社をもった段階で国際事業部の設置に踏み切っている．国際事業部が設立されると，海外子会社のマ

ネジャーは本社国際事業部担当のゼネラル・マネジャーによって指揮・監督されることになる．国際事業部の役割は海外子会社間の活動の調整，振替価格の決定，海外子会社への資金供給などであり，国際事業部はこれらの活動を通じて海外子会社への統制をしだいに強化していく．生産や資金調達，子会社間の取引きなどを各子会社の自立性に任せておくよりも，これらの諸活動を本社で統制した方が全社的な利益が大きくなることが少なくないからである．

　しかし，国際事業部への権限の集中には自ら限界がある．一般に，海外で生産される製品は国内製品事業部でも生産されており，海外子会社は製造技術や新技術の開発などの情報を国内製品事業部に依存するのであるが，他方国内製品事業部長たちの関心は，もっぱら彼ら自身の事業部門の業績にあり，海外子会社への協力は何ら彼らの担当する国内事業部門の業績に結びつくものではないから，いきおいこのような協力に関しては冷淡にならざるを得ない．しかも，国内各製品事業部が国際事業部を介して海外子会社に影響力を行使するこのような組織構造においては，国際事業部は各製品事業部間の権力抗争の場となることが多いのである．海外事業部の比重がさらに高まり，また製品多角化がいっそう進行すると，国際事業部によって海外事業活動を統制してゆくことはしだいに困難になる．

　このような状況の下で，組織の再編成が要請されることとなるのであるが，それは国内製品事業部長が自らの業績と結びつかない海外事業活動に対して実質的に大きな影響力をもつこと，および各製品別事業部間の対立・抗争が国際事業部にもち込まれることの弊害を排除する方向で進めなければならない．ここに企業は国内事業部と国際事業部との区別を排し，全世界的な視野に立って生産と販売の調整を行なうことのできるグローバル組織構造（フェーズ3）の採用に踏み切ることとなるのである．「グローバル企業への移行の決定的な時点は，最高経営者が，戦略的計画立案と，主要な政策決定は本社で行なわなければならず，これによって全社的利益に立つ世界的な視点を維持することができると認識する時点」であり，海外事業活動，国内事業活動を問わず，この移

図表 11－6　構造変化の階梯
海外進出の各局面

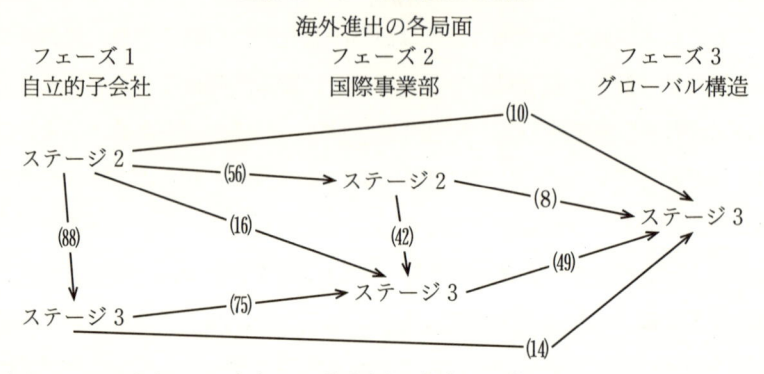

```
フェーズ1          フェーズ2         フェーズ3
自立的子会社        国際事業部        グローバル構造

ステージ2 ─────(10)─────────────────→
       ╲──(56)──→ ステージ2 ──(8)──→ ステージ3
        ╲                    ╲
        (88)   (16)   (42)    (49)
          ╲     ╲      ↓       ╲
           ╲     ╲    ステージ3 ─────→
            ╲     ╲
ステージ3 ────(75)──→         ──(14)──→
```

注　矢印で示される数字は 1968 年末までに構造変化を遂げた 170 社についてのものである．これとは反対方向に構造変化を遂げた 6 社は除外されている．「グローバル構造」という用語には世界規模・製品事業部，混合型，グリッドの各形態が含まれている．
出所）J. M. Stopford and L. T. Wells, Jr., *op. cit.,* p. 28.（邦訳書，p. 42）

行によって「戦略的計画立案」と「重要な政策決定」の権限は本社に集中されるのである[13]．ストップフォード＝ウェルズの調査した巨大企業 170 社のうち 1968 年までにグローバル組織構造を採用した企業は 81 社であった．

　グローバル組織構造には製品系列別構造，地域別構造，製品・地域の混合構造の 3 つの類型のあることが指摘されている．製品系列別構造は製品別事業部に全世界的な責任を負わせるものであり，その限りでは従来の国内製品別事業部と異なるのはその活動範囲のみであるが，活動の広域化に対処するため，特に本社スタッフの中に地域スペシャリストが配置され，担当地域における全製品系列を一括してその調整にあたることが注意されなければならない．製品系列別構造は製品系列が高度に多角化している場合や，生産に高度の技術を必要とするため各生産拠点間の技術交流が不可欠な場合などに用いられる．地域別構造は製品多角化の度合いが低い場合や，多角化されてはいるが，それよりも製品の地域的特性の方が優先されなければならない場合などに用いられる．製品・地域の混合構造は，一部の製品系列に関しては製品別事業部制組織を採用し，一企業に 2 種の事業部制組織が併存する形態である．

　ところで，ここにグローバル組織構造として示された 3 種類の組織はいずれ

も命令一元化の原則に基づいて編成されている．したがって，同一事業部内の縦の情報伝達は迅速に行なわれる．しかし，横の情報伝達，つまり事業部間のコミュニケーションには高い障壁があるため事業部の異なる海外子会社間の活動の調整は難しい．そこでこのような困難を解決するための組織としてストップフォード＝ウェルズは「グリッド構造」をあげ，これを多国籍企業組織構造の第4の発展段階，すなわちフェーズ4として位置づけようとする．彼らはこの組織構造が今後多くの多国籍企業に導入される可能性のあることを認めながらも「先駆的企業が，まだ試行的段階にあるために，この『グリッド構造』の正確な特質はなお明らかではない」と述べている．しかし，彼らが多国籍企業発展の第4段階としての可能性をたんに示唆するために留めた「グリッド構造」は，その後多くの人々によって研究が積み重ねられ，その名称も今日では一般に「マトリックス組織」（matrix organization）として知られている．そこで次節においては，これらの研究に基づき，マトリックス組織の特質とその多国籍企業への導入の問題を考察することとしたい．

第4節　多国籍企業のマトリックス組織構造

　製品別事業部構造は，特定の製品に関する活動を集中・結合することによって，したがって製品を基準とすることによって部門が編成される．これに対して職能部門構造は，購買，製造，販売などのように諸活動を職能別に集中・結合することによって，したがって職能を基準とすることによって部門が編成される．これらの組織構造には，それぞれ長所とともに短所が指摘されていることは既に述べたとおりであるが，これらの短所を克服するために，一つの組織の中に製品を基準とした部門構造と職能を基準とした部門構造の両者を同時に取り入れたものがマトリックス組織構造である．

　マトリックス組織構造では，最高管理階層に直属する同一階層に製造，販売，研究開発などのような職能を担当する管理者と，製品A，製品B，製品Cなどの製品に関する活動を担当する管理者が配置される．製造を担当する管理者

図表11-7　マトリックス組織

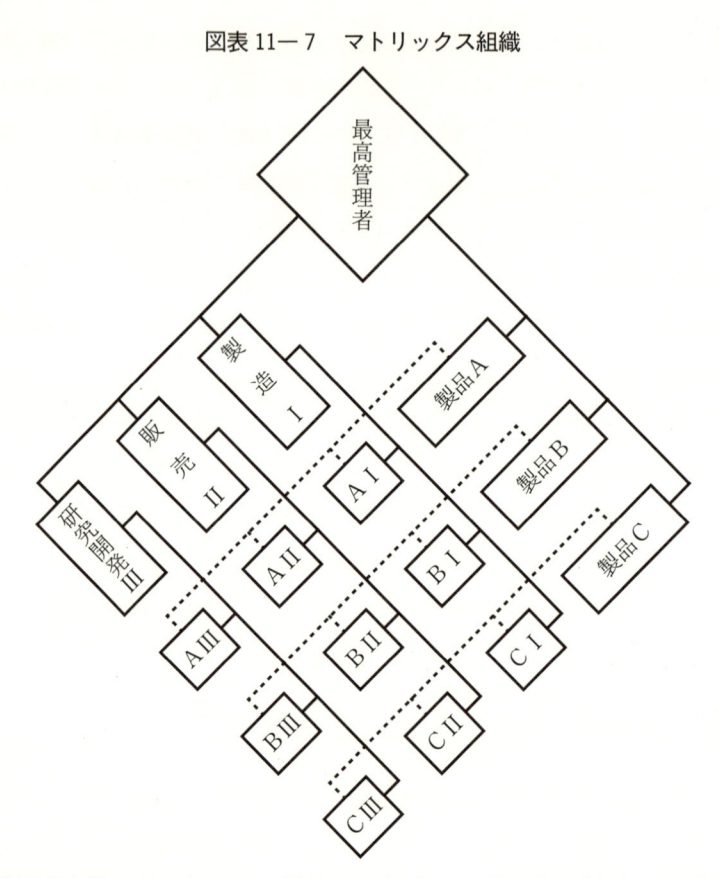

は製造活動を統一的に管理し，製品Aを担当する管理者は製品Aに関する活動を統一的に管理する．そこでこれらの管理者のすぐ下に位置する管理者は同時に2人の上司から指揮・監督をうけることになる．このように2人の上司をもつ管理者は「2上司管理者」あるいは「ツー・ボス・マネージャー」（two boss manager）などと呼ばれている．マトリックス組織の特徴の1つは複数の命令系統が公式に存在することである．

　マトリックス組織構造は，上述の製品と職能を軸とした編成だけに限られるものではない．この他に，地域，顧客（市場），プロジェクトなどを軸として，これらのうちの2つの組合わせによって組織を編成することができる．さらに

多国籍企業などにおいてしばしばみられるように、職能、製品、地域の3つを軸として編成される3次元マトリックス組織構造や、職能、製品、地域、時間の4つを軸として編成される4次元マトリックス組織構造などいわゆる多次元マトリックス組織構造の存在もすでに知られている。[16]

デービス＝ローレンス（S. M. Davis and P. R. Lawrence）は、マトリックス組織の形成・発展過程を5段階の過程として考察している。

第1段階は、原則として一元的な命令系統を中心として組織される「ピラミッド型組織」である。この組織構造においては、職能、製品、地域、顧客のうちいずれか一つが主軸として選択され、その他の軸は組織階層の下部において付随的に取り入れられるにすぎない。製品や地域を基準として事業部が組織され、各事業部は職能を基準として部門化されている事業部制組織構造は第1段階の最も良い例であろう。しかし、「複数の命令系統が公式に存在する」というマトリックス組織としての基本的要件を満たしていないので、この組織構造をマトリックス組織と呼ぶことはできない。それにもかかわらず、デイビス＝ローレンスがこの組織をマトリックス組織発展過程の第1段階に位置づけているのは、「マトリックスも、伝統的ピラミッド型組織に含まれる諸原則を組み入れてスタートするから」である。[17]

アメリカにおいては、建設会社、映画スタジオ、産業調査研究機関、宇宙・防衛産業などプロジェクト単位の仕事をもつ産業では、早くからマトリックス組織の初期的形態とでも呼ぶべき組織編成が採用されてきた。このような初期的形態はアメリカの航空宇宙産業の隆盛とともに普及していった。この分野では、きわめて高度な技術を要するプロジェクトを達成するために多くの専門技術者が招集され、プロジェクトの責任者であるプロジェクト・マネジャーからの指示を受けるのであるが、プロジェクトの進行中も彼らは技術開発部門に所属したままであるため、彼らはプロジェクト・マネジャーと技術開発部長の2人の上司をもつことになるのである。この組織は職能とプロジェクトを軸としたマトリックス組織構造と考えることができるが、プロジェクトの目標が達成

されると同時にプロジェクト自体が解散されるため，本来短期的な性質をもつ組織構造である。デイビス＝ローレンスは，この組織を「短期的な重複組織」と呼びマトリックス組織発展過程の第2段階に位置づけている。

マトリックス組織発展過程の第3段階は，「恒久的な複合組織」である。この組織の典型は，ブランド・マネジャー（brand manager）を設置する組織構造に見出すことができる。ブランド・マネジャーは特定の製品ないしブランドごとに設けられる製品管理スタッフである。彼は製造，販売，製品開発部門と横断的な調整を図りつつ，彼の担当する特定の製品やブランドに関して，その開発および販売促進の責任を負っている。第2段階のマトリックス組織との相違は，従来の職能部門という軸にブランド・マネジャーの担当するブランド・グループの軸が「恒久的」に組み込まれている点である。

デイビス＝ローレンスの提唱するマトリックス組織発展過程の第4段階は「成熟したマトリックス」である。「この段階での特徴は，二重の権限，命令系統が確立している点である。すなわち，2人の管理者（それぞれは異なった責任領域を代表している）の間で，権限が有機的にバランスされ，共有されることとなる。注目すべきは，権限が2人の管理者に分け与えられるのではなく，共有されるという事実である。したがってマトリックス組織に組み込まれた管理者は，つねに2人の上司を戴くことになる。」[18] 第3段階の組織においては，マトリックスを構成する2つの軸のうち一方が主軸，他方が補完軸としての性格をもつものであった。これに対し，第4段階のマトリックス組織は2つの軸が同等の権限を共有するという点で前者と異なる。

2つの軸に同等のウエイトを置いて編成された第4段階のマトリックス組織に対し，第5段階のマトリックス組織は2つの軸におかれるウエイトが外部環境の変化に対応して常に移動しうるように編成される。したがって，たんに進出国のみならず世界的規模における政治的，経済的変動にさらされ続ける多国籍企業に適した組織編成であるといわれている。

多国籍企業の組織としてよく用いられるのは，職能，製品，地域の3つを軸

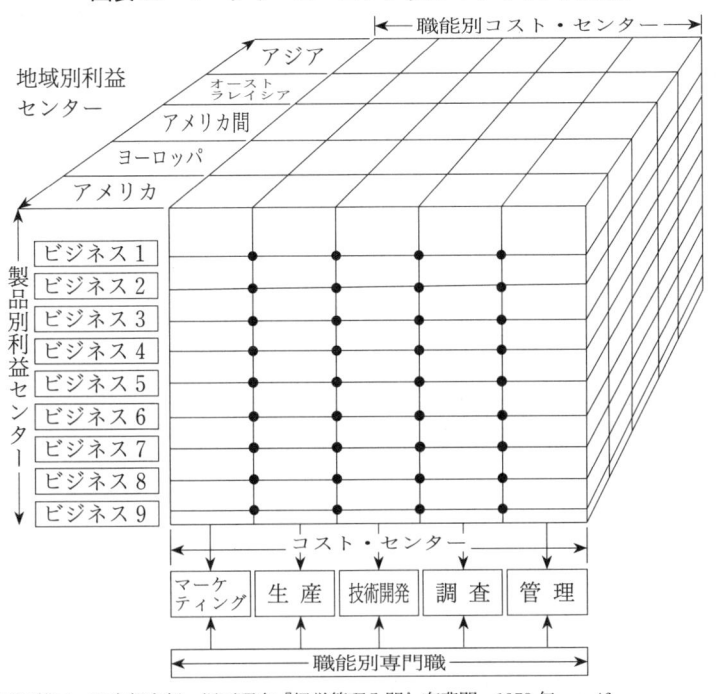

第11章　多国籍企業組織の発展　163

図表11－8　ダウ・コーニング社のマトリックス組織

出所）西田耕三・野中郁次郎・坂下昭宣『経営管理入門』有斐閣，1978年，p.46．

とした3次元マトリックスである．このマトリックス組織においては，ひとりの管理者が同時に3人の上司から指揮・監督を受けることになる．

　マトリックス組織が，とくに多国籍企業の管理組織としてきわめて有効であることは多くの研究者の指摘するところである．マトリックス組織導入に向けての組織再編成の要請が，とくに多国籍企業において強く働くのは，主として多国籍企業の活動が世界各地に分散していることに由来するものである．デイビス＝ローレンスはその理由を，第1に，多国籍企業は同一の製品を多数の国で生産しているため，製品担当マネジャーと各海外支社の重役との間に意思決定上の権力関係を均衡させていく必要があること，第2に，多国籍企業の活動が政治，経済，文化，制度を異にする多くの国々に及んでいるため，極めて高い情報処理能力が要求されること，第3に，世界各地に分散した活動拠点それ

それに人員や資源を重複して配置することから生ずる無駄を極力排除しなければならないこと，と述べている[19]．

一般に，マトリックス組織の利点は，第１に，人員や資源の配置において重複を回避し，無駄を省くことができること，第２に，環境の変化に応じて組織構造を柔軟に変化させうること，第３に，複数の報告関係が公式に存在するため，組織のコミュニケーションが促進されることなどであるといわれている．これに対して，マトリックス組織の問題点は，第１に，複数の命令系統の存在によって責任の帰属が不明確になったり権限争いが生じたりすること，第２に，複数の命令系統の間に常に摩擦が生じ，これを解消するための調整に要する時間的損失がきわめて大きいことなどである．したがって，デイビス＝ローレンスが説くようにマトリックス組織は，組織および諸資源が世界各地に分散し，環境変化の影響を受けやすい多国籍企業の管理にきわめて有効である半面，軸の間に権力の不均衡を生じやすいという問題点も有している．

多国籍企業においては，各事業所間の地理的な隔たりにより個々人が接触することによって得られる情報の流れに不均衡が生じるため，これが権力の不均衡を生み出す要因となる．それゆえ，地域と製品の２つを軸とするマトリックス組織においては，コミュニケーションの容易な地域別組織構造の方に権力が移行してしまい，ついには地域のみを軸とする一元的組織構造に帰着してしまう傾向が指摘されている[20]．このような場合には，マトリックス組織が実質的に解消してしまうため，そのメリットを享受することが不可能となる．

しかし，そうだからといって，常に２つの軸の間の権力を均等に維持することがマトリックス組織にとって最善であるというわけではない．多国籍企業のマトリックス組織の有効性は，むしろ積極的に２つの軸の間に不均衡を創り出し，それを維持あるいは変化させることによって高められるのである．デイビス＝ローレンスの提示したマトリックス組織発展の第５段階は，企業の戦略に応じて２つの軸に与えられた権力を移動（swing）させる組織であることから「マトリックス／スイング組織」（matrix/swing organization）と呼ばれている．

さらに，この「マトリックス／スイング組織」が多国籍企業において世界的な規模で編成された組織は「グローバル・マトリックス／スイング組織」(global matrix/swing organization；以下 G. M. S.) と呼ばれている[21]．G. M. S. の長所は環境の変化に応じて2つの軸の権力バランスを変化させ得ることであり，しかもさらに重要なことはこのような環境変化への対応が組織構造変革を伴うことなく実行しうることである．そこで，G. M. S. の課題は，環境変化に応じて，軸の間にいかにして適切な権力の不均衡を作り出し，それを維持あるいは移動させてゆくのかということになる．

第5節 多国籍企業における本社と子会社の関係

アメリカの大企業 170 社の実証的研究からストップフォード＝ウェルズは多国籍企業組織の発展に一定のパターンがあることを発見した．彼らは組織の情報伝達の問題を重視し，これが組織変革の一つの重要な契機をなすものであり，また編成された組織の維持においてもきわめて大きな役割を果たしていると主張する．生産・販売・研究開発等の拠点が世界各地に分散しているうえ，民族や言語，思考習慣を異にする多数の従業員を擁しながら，組織としての統一的な活動を維持してゆかなければならない多国籍企業にとって，情報伝達のもつ意義は大きい．

デイビス＝ローレンスが示したように，地理的に他から隔絶され，民族や言語だけでなく政治的・経済的環境が似通っている，多国籍企業組織内のそれぞれの地域別組織単位は，凝集性の強い組織単位であるため，少なからず他の地域別組織単位や本社との間に軋轢を生むことになるであろう．それゆえ多国籍企業には，ストップフォード＝ウェルズのいうところのステージ3構造よりもはるかに強い本社の統制機能が要求される．しかし，本社への集権化が現地従業員や受け入れ国政府の反発を呼ぶことは明らかであるため，この方法には自ら限界がある．

したがって，多国籍企業における本社の統制は，たんに権限の委譲や集中と

いうような方法で実現することは困難である．本社は権限関係よりもコミュニケーションを重視することによって企業としての統一的な活動の維持を図らなければならないであろう．そしてこのことは本社と海外子会社間の関係よりも，海外子会社どうしの関係にいっそうよくあてはまるだろう．海外子会社相互間の十分なコミュニケーションの保持に「グリッド構造」ないしマトリックス組織構造がきわめて大きな役割を果たし得ることは，改めて指摘するまでもないことである．

注）

1) A. D. Chandler, Jr., *Strategy and Structre,* 1962, pp. 13〜14.（三菱経済研究所訳『経営戦略と組織』実業の日本社，1967 年，pp. 29-30）
2) J. M. Stopford and L. T. Wells, Jr., *Managing The Multinational Enterprise,* 1972, p. 10.（山崎清訳『多国籍企業の組織と所有政策』ダイヤモンド社，1976 年，p. 14）なお，訳は必ずしもこれによっていない．以下の邦訳書についても同様．
3) *Ibid.,* p. 10.（邦訳書，p. 14）
4) *Ibid.,* pp. 5-6.（邦訳書，p. 7）
5) *Ibid.,* p. 12.（邦訳書，p. 18）
6) *Ibid.,* p. 14.（邦訳書，p. 20）
7) A. D. Chandler, Jr., *op. cit.,* p. 326.（邦訳書，p. 324）
8) R. P. Rumelt, *Strategy, Structre, and Economic Performance,* pp. 63-65.（鳥羽欽一郎ほか訳『多角化戦略と経済成果』東洋経済新報社，1977 年，pp. 84-86）
9) 高柳暁「組織形態の発展と組織の統合」（一寸木俊昭編『現代の経営組織』有斐閣，1983 年，p. 108）
10) J. M. Stopford and L. T. Wells, Jr., *op. cit.,* p. 16.（邦訳書，p. 24）
11) *Ibid.,* p. 17.（邦訳書，pp. 25-26）
12) *Ibid.,* p. 17.（邦訳書，p. 26）
13) *Ibid.,* p. 25.（邦訳書，p. 38）
14) ここにおいても，彼らは組織変革の一つの重大な契機を情報伝達の問題に求めている．
15) J. M. Stopford and L. T. Wells, Jr., *op. cit.,* p. 27.（邦訳書，pp. 40-41）
16) 4次元マトリックスとしては，ダウ・コーニング社（Dow Corning Corporation）の例が知られている．次を参照のこと．W. C. Goggin, How The Multinational Structure Works at Dow Corning (*Harvard Business Review,* LII,

January-February, 1974).
17) S. M. Davis and P. R. Lawrence, *Matrix*, 1977, p. 40. (津田達男, 梅津祐良訳『マトリックス経営』ダイヤモンド社, 1980年, p. 66)
18) *Ibid.*, p. 44. (邦訳書, pp. 72-73)
19) *Ibid.*, pp. 193-195. (邦訳書, pp. 310-312)
20) このような事例としてダウ・ケミカル社 (Dow Chemical Company) をあげることができる. Ibid., pp. 305〜306. (邦訳書, pp. 329-331)
21) 根本孝「多国籍企業とマトリックス組織」(『明治大学経営論集, 第31巻第1号』1984年10月) pp. 91-108

第12章　経営の現地化と国際戦略提携

第1節　経営の現地化

　企業の海外進出はもともと海外の有利な経営資源を活用することによって競争優位を確保する目的で行なわれることが多い．すなわち，労働コストの安い国においては労働集約的な製品や部品を生産し，優秀な技術者の供給が容易で技術水準の高い国では技術集約的な製品や部品を生産し，また安価で豊富な原材料の供給ができる国においてはこうした原材料を用いた製品の生産を行ない，これらの海外生産子会社を有機的に結びつけること，すなわちネット・ワーク化することによって多国籍企業としての優位性を引き出すために企業は海外進出を行なうのである．したがって，まず第1に多国籍企業の海外進出は現地の経営資源を積極的に活用することによる優位性を獲得していこうとする目的で行なわれるものである．しかし，日本の多国籍企業は必ずしも積極的にこうした現地の経営資源を活用していないのが現状である．

　海外進出が貿易摩擦を回避するために行なわれたような場合には，現地の経営資源の活用についてむしろきわめて消極的である企業も多い．たとえば日本からアメリカへの集中豪雨的な輸出は，アメリカへの「失業の輸出」であるとしてアメリカの企業や労働組合から厳しく攻撃され，日米貿易摩擦を生んだ．このような貿易摩擦に対応するため，日本企業は自動車産業を中心として，アメリカにおける現地生産を次々に開始した．これは現地における新たな雇用創出に貢献することになり，「失業の輸出」という批判は免れることができたように思われた．

　しかし，このような雇用創出効果も，現地生産子会社が必要とする原材料や部品をほとんど日本からの輸入でまかなうような場合にはきわめて限られたも

のとなる．ほとんどの部品を本国からの輸入によって調達し，現地においては組み立てだけを行なう生産方式はノック・ダウン方式あるいはスクリュー・ドライバー方式と呼ばれている．たとえば，自動車は約3万点の部品から成っているといわれるが，日本の自動車産業などにおいてはこれらの多数の部品生産企業が組立て企業を頂点として一次下請け，二次下請けというように階層構造を形成している．自動車産業は組立て会社の下に多くの部品供給会社を擁する，いわゆる裾野の広い産業といわれている．組立て産業だけが現地に進出し，部品のほとんどを本国からの輸入によってまかなった場合，部品産業の育成，技術の移転，そしてまた雇用創出効果もあまり期待することはできない．

したがって貿易不均衡を解消するために現地生産を開始した企業に対して，次に起こってくるのは現地での部品調達比率を高めて欲しいという要求である．これまで，欧米の多くの国において一定の現地調達比率を満たした製品のみを現地生産製品と認め，それ以外の製品を輸入品とみなして，その輸入を規制するような政策がとられてきた．各国は一定の現地調達比率を義務づける法律，ローカル・コンテンツ（local contents）法を制定して国内製造業を保護してきたのである．

このように，多国籍企業の現地化政策には，現地の経営資源を積極的に活用するために行なわれる積極的な現地化と，経営環境の変化に消極的に対応した結果としての現地化とがあり，日本の多国籍企業においてはこれまで消極的な対応が少なくなかった．次に，企業を構成している要素であるヒト，モノ，カネ，情報・技術という経営資源ごとにその現地化の問題をみていくことにしよう．

ヒトすなわち人的資源の現地化は現地進出企業が一般従業員として現地人を雇用することはもちろん，上級の技術者や管理者，さらにはトップ・マネジメントにも現地人を登用することを意味する．これまでの日本企業は現地人を現地子会社の幹部に登用することに消極的であるといわれてきた．たとえば社団法人企業研究会の調査によれば，1980年代までは，日本の海外子会社におい

て現地人が経営トップに採用されている企業は約19％であり，欧米企業と比べて低いといわれる[1]．

　これは，これまでの日本企業がヒーナン＝パールミュッター（P. A. Heenan and H. V. Perlmutter）のいう国内志向型の企業であったことにも起因している．すなわち，日本企業は海外子会社の経営者，上級管理者や上級技術者のほとんどを日本の親会社から送りこみ，子会社の情報を細かく親会社に報告させると同時に子会社の主要な意思決定を本国の親会社が行なうという，直接コントロール方式をとってきたためである[2]．直接コントロール方式をとる場合，親会社の行動様式や考え方を熟知している親会社派遣従業員の方が親会社の意思を理解するのがはるかに容易であるため，必然的に海外子会社幹部に親会社派遣従業員が採用されることになる．

　しかし，このような現地子会社のミドル・マネジメントやトップ・マネジメントに現地人が登用されないという意味での現地化の遅れは，現地人の昇進の機会を奪うことになるため，現地人従業員の勤労意欲を著しく低下させ，また現地人従業員の不満を増大させることになる．そればかりでなく，海外子会社の数が増大すると，親会社から派遣しうる優秀な技術者，管理者も払底することになり，またこれらの人的資源を親会社から海外子会社に派遣するための費用も大きなものとなってくる．そのため多国籍企業がしだいに大規模化するのに伴い，現地人の積極的な昇進や経営者・管理者への積極的な登用がより合理的な選択となってくる．

　モノすなわち物的資源の現地化は原材料・部品などを現地で調達すること，あるいはその調達比率を高めていくことを意味する．さらに，モノの現地化には機械・設備などの生産財を現地で調達することも含まれる．現地調達比率を義務づけたローカル・コンテンツ法が保護貿易主義の産物であることが示すように，経済合理性の観点からするならば，生産コスト，品質や技術という側面から世界の最も適した場所で部品を生産し，販売・消費地で組み立てるという世界最適生産が多国籍企業にとって最も優位性の高い方法である．発展した多

第12章　経営の現地化と国際戦略提携　171

国籍企業にとっては進出国における現地調達比率を高めることだけではなく，世界的規模で設けられた部品生産拠点と世界各地に設けられた販売拠点をいかにネット・ワーク化し物流を管理していくかというグローバル・ロジスティックスの形成と維持がより重要な課題となるのである．

　多国籍企業におけるカネすなわち資本の現地化はその調達と運用および利益処分などの側面から考えていくことができる．資本の調達に関しては，まず海外子会社の設立に当たって100％子会社にするのか合弁会社にするのかという問題がある．さらに海外子会社設立後の事業拡大等にともなう資金調達であるが，これも本社あるいは本国から資金調達する場合と現地において直接金融，間接金融等の方法で資金調達する場合とがある．日本企業は製造業の海外進出が進むと，これらの製造業企業に日本国内で金融サービスを提供していた金融機関が日本の製造業の海外金融サービスを引き受けるために海外進出をするという傾向があった．これは日本国内の金融系列が海外にも展開されることになるため，現地の金融機関との摩擦を高めることになる．すなわち，製造業に限らず海外進出子会社は現地金融機関との取引を積極的に拡大し，株式や社債の発行を現地で行ない現地の投資家にも積極的に投資をしてもらう方策を取ることもまたカネの現地化に含まれるのである．

　資金運用面でのカネの現地化とは，海外子会社がその余剰資金を本国ではなく，現地で運用することである．また，利益処分の方法に関して，海外子会社が獲得した利益のほとんどを本社に送金してしまうような場合には長期的にみて現地の経済や社会に貢献しない企業とみなされ，現地との摩擦が起きることは避けられない．海外子会社の長期的成長や安定という観点からは，利益の一定額を設備の更新や事業拡大のために再投資したり，現地社会への貢献活動のために支出していくことが必要である．ヒトやモノの現地化と同様，企業が進出国との摩擦を回避し，現地の社会と良好な関係を築くためには，カネの現地化に関しても資金の調達，運用，利益処分などの側面において「外国の会社」というよりはむしろ「現地の会社」というイメージで認識されるようになると

いうことが重要である．

　多国籍企業にとって資本コスト，リスクなどの観点から世界の最も適当な国や地域（あるいはそれらをミックスしたもの）から資金調達を行ない，世界の最も適当な国や地域で資金運用をする必要がある．しかし，カネの現地化を通して海外子会社と現地社会との良好な関係を構築することを重視する場合には，企業の最も合理的な金融政策に一定の制約が必要となる．また，ケイマン諸島などいわゆるタックス・ヘイブン（租税回避地）などへの資金の留保は，納税義務という企業の社会的責任の側面からも十分な検討が必要な課題事項となるのである．

　情報的経営資源としては，経営管理のノウハウ，生産管理の技術，販売システムあるいは意思決定などが考えられる．しかし意思決定の現地化は多国籍企業の分権化・集権化の問題として扱われることが多いのでここでは除外する．日本企業の生産技術や生産管理のノウハウは世界的にみて最高水準のものと評価されてきているので，これらについては日本から現地への技術移転が中心的な問題とされてきた．それに対して販売は，現地の消費者のニーズをいかに正確に把握し適切かつ迅速に対応するかが重要な問題である．海外販売子会社あるいは販売部門は現地の商習慣や販売ルート，販売方法に適応した行動をとることが求められるため，海外製造子会社，製造部門よりもより高度な現地化が必要である．また，成熟化し，激しいグローバル競争が行なわれているような産業分野では，競争企業との競争に生き残るためには，現地の気候，風土，文化，消費者のし好などに高度に適応した製品の開発が不可欠なため，現地に研究開発拠点を置くことが必要となる．

　大規模な多国籍企業は世界各地に研究開発拠点を設置し，現地の技術者と本国から派遣された技術者，本国の技術者や管理者との間で緊密なコミュニケーションが図られることになる．たとえば，住友ゴムの研究員は国内560人，イギリス，フランス，ドイツ合わせて500人で，4か国のトップ研究者が定期的な会合をもち開発テーマの割振りを行なっているし，また花王は海外に7カ所

の研究所をもち，国内の中央研究所は日・米・独の研究所と連携して「3国同時開発」体制を狙っている．

　ところで，経営の現地化を進めていく上で大きな問題となるのは本国の経営システムと現地の制度や慣行との相違である．特定の国の企業経営制度や経営慣行は，その国に特有の法律や経済制度，あるいは文化や価値観などの下で形成されたものであるから，本国の経営システムを一切変えないまま，現地の経営資源を導入しようとすると，現地の経営システムに慣れ親しんだ現地人従業員との間で大きな摩擦を生むことになる．そこで，本国の経営システムと現地の経営システムを「混合化，融合化し，第3の経営システムを創り出すこと」すなわち「ハイブリッド化」することが必要になる．現地経営において，ハイブリッド化の実現の役割を期待されているのが，両国の言語，文化に通じ，企業内の両国の構成員から信頼されている，「異文化インターフェイス管理者」である．

　このように現代の多国籍企業には，ヒト，カネ，モノ，情報などの経営資源を現地化し海外子会社に自立性をもたせることによって，調達・生産・販売など企業活動の機能的側面において，現地の状況により適合的な行動を取りうるようになる．すなわち，現地化（ローカル化）を進めることは，海外子会社単位レベルでの経営効率化が進展することを意味する．

　しかし，各国に多数の海外子会社をもつ多国籍企業にあっては，現地子会社のそれぞれが他から切り離され，それぞれに最高度の効率経営をしたとしても，それが必ずしもこの多国籍企業の全社的見地から見た最高効率経営となるわけではない．つまり，海外子会社の活動は究極的には全社的レベルから，したがってグローバルな観点からコントロールされなければならないのである．すなわちローカル（現地）化とグローバル化を同時に進めるグローカル化（glocalization）が，現代多国籍企業の目指す方向となっている．

第2節　国際戦略提携

　企業間の提携は古くから行なわれているが，それが戦略的な意味をもって行なわれるようになったのは1970年代後半からであるといわれる．戦略的提携は，互いに競争関係にある企業間で結ばれることが多い，というのがその最も大きな特徴であるが，他にも提携の期間が短いこと，技術や製品調達などきわめて限定された領域で行なわれることなど，従来の企業提携にはみられない特徴をもっている．

　戦略的提携が盛んに行なわれるようになった理由は，価格競争を中心としたグローバルな市場での企業間競争が激化したことである．さらに技術開発が長期化し開発費が巨額化する一方で，製品のライフサイクルが短くなったため，技術開発のプロセスの一部を他社のそれで代替することによって「時間を買う」必要性が強まったことも重要である．また，「頻繁で多彩なリストラクチャリング」，「急激に拡大する需要」，「ニーズの変化」，「グローバル・ロジスティクスにおけるソーシング戦略」などの理由をあげることもできる．

　竹田志郎氏は戦略的提携のパートナーとして要請される条件を，同等性，共存性，計画性に見出している．

① 同等性は，互いに同等の力をもつものどうしがパートナーとなりうるということであり，同等の能力をもつパートナーが互いに補完し合うことを目的に提携を成立させる．

② 共存性とは，パートナーどうしの相性のことであり，提携活動に参加する経営者，管理者，現場スタッフなどの各段階で相性が良くないと提携は成功しない．

③ 計画性とは，提携の使命の確定と解消の困難さをその当初より意識的に設定することである．

　多国籍企業は，このような3つの点に留意してパートナー企業の選択にあたっているといわれる．

第12章　経営の現地化と国際戦略提携　175

　企業間の国際的提携が，かつての「支配・従属関係」を伴う提携から近年の「対等な関係」の提携へと変化してきていることを強調する竹田志郎氏は，古いタイプの国際的提携の主要な形態を3つに分けている．竹田氏の論述にしたがって古いタイプの国際的企業提携が新しいタイプの国際的戦略提携に至る変化を追ってみることにしよう．[9]

　古いタイプの国際提携は，第1に合弁会社（joint venture）である．国際的共同出資会社としての合弁会社の歴史は古いが，1970年代以降の合弁会社は先進国に本社をもつ企業が発展途上国に進出する際に，途上国の企業や政府との間に共同出資会社を設立するケースが多かった．これには先進国企業が合弁会社の経営権を掌握するために先進国企業が過半数を出資する場合と，現地パートナーの意向から現地パートナーが過半数を出資する場合とがある．

　第2は，資本出資を伴わない契約だけの提携で，契約提携（contractual alliance）あるいは提携契約（co-operative agreement）と呼ばれるものである．契約提携には技術契約（技術実施契約，共同開発契約），製造契約（製造委託契約，製造物供給契約＝OEM契約），マーケティング上の契約（販売力の活用，販売ノウハウの提供，相互品揃え，共同販売など）など，および数社間での国際的共通規格取り決めなどが含まれる．[10] この契約提携は，たとえば優れた技術をもつライセンサーがライセンシーに対して支配的な地位をもつことになるように，「支配・従属」関係を伴うものである．

　第3は，長期取引関係であり，それは「パートナー相互の信頼を基礎とする継続的な顧客関係による提携」を意味する．竹田氏は長期的取引関係も「パートナー間の取引が純粋な市場価格によるものでないという観点から」企業提携の一形態と考えている．日本の系列にみられるように親企業と下請企業の間には「支配・従属関係」が形成されている．

　1970年代の半ばから多国籍企業の競争関係には大きな質的変化がみられるようになった．それは，製品の高度な品質の要求を伴った激しい価格競争の展開である．この価格競争のためのコスト・ダウンの要求が企業の国際提携にも

変質をもたらすことになった．すなわち，1970年代半ば以降の企業提携は，①パートナーどうしが同等の力をもつもの，②パートナーどうしが提携関係にありながら同時に競争関係をもつもの，③提携動機が戦略的，競争的要因をもつものへと変化したのである．また，巨大な多国籍企業によるグローバルな市場での競争においては，自社の経営資源や経営機能だけでは競争に勝ち残っていくことができなくなったため，多国籍企業は自社の基本的な経営戦略に沿ってパートナー企業との提携に乗り出すことになる．竹田氏は多国籍企業の戦略的提携を技術開発，製品調達，生産，販売・マーケティングという企業の経営活動における4つの機能的局面から取り上げ[11]，70年代半ばからの質的変化を，日本企業の豊富な事例分析から検討している．

まず，技術開発に関しては，かつての技術提携は先進企業による後進企業に対するライセンスの供与とロイヤルティーの支払いという関係から，同等の高い技術水準をもつ企業どうしの技術やその他の経営資源の交換という関係に変化した．すなわち「支配・従属的」な関係から，同等の相互補完関係へと変わったのである．

製品調達に関しては，「支配・従属的」関係をもつ系列取引から，対等な関係である顧客取引へと変わってきている．

生産提携には生産受託と共同生産の2つがあり，共同生産は開発・販売活動の一環として行なわれることが多い．生産受託のうちOEM生産に関しては，「かつてはブランド支配力の"強い"企業が"弱い"企業に委託する」ことが多かった．すなわち両企業は「支配・従属関係」にあり，ブランド支配力の弱い企業はこの従属的な提携関係の下で自社製品を海外に販売せざるを得なかったのである．ところが最近の生産提携はブランド支配力の"強い"企業どうしが，ある製品では生産委託を，他の製品では生産受託をするというような提携関係へと変化してきている．竹田氏はこの対等な関係の生産委託・受託における企業提携の特徴を次の4点に要約している．

①自社の手の回りきらない部分を生産委託する．

② 双方のメリットが一致しない限り提携関係に入らない．

③ 委託先が受注先であるという関係が見られ，製品，技術，サービス等にツーウェイの流れをみる．

④ 供給を受ける製品にすべてを依存するのではなく，自社の製品として取り込むだけの力をすでにもっている．

次に，販売・マーケティングに関してみていくことにしよう．かつての販売提携は企業が海外市場に参入するにさいして現地流通業者との間で行なわれることが多かった．それに対して最近の販売提携は製造企業どうしの間で行なわれ，お互いの経営機能，経営資源，販売地域などを交換しあう，双方的なものへと変化してきている．たとえば，相互に販売網を利用しあうクロス・ディストリビューション，自社の販売網を利用させる代わりに相手の製品の独占販売権を取得する経営資源と販売権の交換，2社が共同開発した製品をそのうちの1社が製造を担当し，販売は地域別に2社が分担するケース，などの例をあげることができる．

竹田氏は1970年代半ばからの技術開発，製品調達，生産，販売，マーケティングという企業活動の4つの機能における国際提携の質的変化を4点に要約している．

① かつての提携は一方が経営資源の提供，他方が対価の支払いや経営権の取得という関係が多かったのに対し，現在は経営資源や経営機能を相互補完する提携へと，いわば双方的な提携へと変わってきた．

② かつては提携の対象と範囲が包括的なものであったのに対し，現在はパートナーどうしがかなり「限定的」な部分においてのみ提携関係を結ぶようになってきた．

③ 現在の提携は企業の長期・短期計画に基づいてかなり意識的に展開されるようになった．すなわち提携が「戦略的」なものへと変化してきた．

④ 提携成立・解消の動機がかつての固定的な性格のものから流動的な性格のものに変わってきた．企業どうしが互いにメリットを見出すことができ

れば，競争関係にあっても提携を結ぶけれども，どちらか一方のメリットが消失すれば提携は解消される．

注）
1) 日本経済新聞社，1990年1月24日付．
2) 中村久人『経営管理のグローバル化』同文舘，1991年，pp. 244-245
3) 中村久人，同上書，p. 243
4) 諸上茂登「日本的経営方式と『現地化』」竹田志郎編著『国際経営論』中央経済社，1994年，p. 208
5) 同上稿，p. 208
6) INSEADの調査によれば，提携の71％がライバル企業間で結ばれたもので，サプライヤーとバイヤーの間の提携は15％，新規市場への参入を目的とした提携は14％であった．これは近年の企業提携の多くが競争企業間で締結される戦略的提携であることをよく示している．次を参照のこと．竹田志郎「多国籍企業の競争行動と戦略提携」江夏健一編著『国際戦略提携』晃洋書房，1995年，p. 3
7) 首藤信彦「国際戦略提携を超えて」江夏編，前掲書，p. 20
8) 竹田志郎「多国籍企業の競争行動と戦略提携」江夏編，前掲書，p. 6
9) 竹田志郎「国際戦略提携」竹田・島田『国際経営論―日本企業のグローバル化と経営戦略』ミネルヴァ書房，1992年，pp. 133-160
10) 竹田，同上稿，p. 134
11) 国際戦略提携の形態についてポーターらは，技術開発提携，生産・ロジスティックス提携，マーケティング・販売・サービス提携，および複数の機能間での提携を意味する多重活動提携の4形態をあげている．M. E. Porter and M. B. Fuller, Coalition and Global Strategy, M. E. Porter, ed., *Competition in Global Industries,* Harvard Business School Press, 1986. pp. 330～334，土岐・中辻・小野寺訳『グローバル企業の競争戦略』ダイヤモンド社，1989年，pp. 309-315. また首藤信彦氏は戦略的提携の形態として，①クロスロードの戦略的提携，②競争戦略としての提携，③短期同盟，④環境変化への適合，⑤新分野開拓同盟の5つをあげている．次を参照のこと．首藤信彦「国際戦略提携を超えて」江夏健一編著『国際戦略提携』晃洋書房，1995年，pp. 22-24

第5部

日本的経営論

第13章　日本的経営の変革と展望

第1節　日本的経営の特徴

　新世紀の幕開けに産業のグローバリゼーションの進展に対応すべき大競争と業界編成の時代がやってきている．旧財閥を軸にした金融系列，株式持合い，官主導の産業政策等のシステムは戦後の日本経済を支えた主因であったが，バブル崩壊後に機能不全に陥った状態が続いている．厳しい経済状況下で，日本企業は世界市場での生き残りに向け，企業集団を超越した金融・産業の再編競争に動きだした．それは日本的経営の新たな展望を含む経営改革を伴うものである．

　本章では，日本的経営の展望の観点から，日本的経営がいつ頃，どのような要因によって形成されてきたのか，そして，バブル崩壊後の経済低迷期における企業環境の変化に対応できず，いかに日本的経営の課題を克服して企業環境に対応しようとするのかを考察する．

1－1．日本的経営論

　日本的経営は，共通して確認できるのは，企業内部組織の労務・生産管理にみられる終身雇用制，年功制，企業別組合，生産現場での小集団主義に基づくQC（品質改善運動）あるいはTQC（全般的品質改善運動）といった人間関係を軸とするものである．そのほかに，メインバンクの融資とメインバンクを中心とする企業集団，企業系列間での株式相互持合いや長期取引関係といった経済システムの領域も日本的経営の副次的特徴として加えられている．

　まずは，日本的経営とは何かを先達者の日本的経営論における指摘から確認してみよう．

第13章 日本的経営の変革と展望　181

　アベグレン（J. C. Abegglen）が日本的経営の特徴として終身雇用制，年功制，企業別組合を3種の神器と呼び，日本企業の集団主義，福利厚生を経営社会制度として特徴づけて以来，日本的経営を巡る研究が盛んに展開されてきた．その後も，彼は日本企業の成功要因を分析し，日本企業の強さはコストダウンと品質にあるとし，これらは戦後何十年もかけて培った努力の賜物であり，製品・技術・資金の強さが日本企業を世界的リーダーに押し上げたのであったと説いた（J. C. アベグレン，G. J. ストク著，植山周一郎訳『カイシャ』Basic Books，1980年，講談社，1986年，pp. 119-120）．

　日本的経営の基礎を確立した功労者のひとりである岩田龍子は，終身雇用あるいは長期安定雇用といった現象は，企業の中核部分を担っている正社員に関しては妥当するが，周辺部分の臨時的社員は終身雇用が当てはまらないと指摘した．岩田も終身雇用慣行が日本的経営の特色を構成する重要なファクターであるとみなした（岩田龍子『現代日本の経営風土』日本経済新聞社，1979年，pp. 87-88）．

　船橋尚道は，終身雇用制とは何なのかを簡潔に説明している．終身雇用制は従業員が定年に達するまで同一企業に長期勤続する慣行を指す．企業は高度経済成長期に熟練技術者の不足対策として，雇用確保と熟練者養成を意図して従業員に長期勤続を奨励する目的で，勤続給の導入，退職金制度の確立，福利厚生施設の充実を図った．また，企業は終身雇用慣行を維持するために正社員を少なめに採用し，恒常的に残業を多くしたり，従業員の企業内外への配置転換と出向等の労働力異動策をとることで，景気に柔軟に対応する終身雇用制を堅持するように努めてきた（船橋尚道『日本的雇用と賃金』法政大学出版会，1983年，pp. 14-17）．

　だが，終身雇用制を日本的経営の特徴とみる考えには問題が残る．欧米でも終身雇用に近い形で定年まで同一企業に勤めて退職するケースが多くみられるとすれば，終身雇用が日本的経営の代表であるとは差別化できない．では，他国の雇用形態との根本的な差異はどこにあるのだろうか．それは公式的な人事

ローテーションによる異動システムに集約される（八代尚宏・原田泰『日本的雇用と国民生活』東洋経済新報社，1998年, p. 22.）。1980年代の世界的な日本的経営研究のブームの契機を与えたオーウチも終身雇用，遅い人事考課と非専門的な昇進コースの2つのシステムが長期的人材育成，命令，責任，権限の曖昧な包括的柔軟な管理機構，集団主義的意思決定，集団責任，人に対する全面的な係わりをなしていると説き，それらが日本的経営の特徴（オーウチはJスタイルと呼ぶ）であると指摘している（W. Ouchi, *Theory Z*, Adisson-Welsey, CBSソニー出版，1981年, pp. 75-76)。

　間 宏やE. フィングルトンも日本的経営の成功において終身雇用制や年功制の有効性を評価している。ことに，日本企業では年功制は先輩上司が有能な部下に自分の地位を脅かされずに，後輩や部下の面倒をみ，部下の能力を伸ばしてやる（間 宏『日本的経営の系譜』日本能率協会，1963年, p. 280）ことが一般的にみられる日本的慣行であるという。こうした終身雇用制と表裏一体化した年功制が世代を超えた従業員間の協力を促進し，上級管理者は部下の評判が良いほど，社長に到達しやすい高い評価を受けるというシステムが形成されたのである（E. フィングルトン，中村仁美訳『見えない繁栄システム』，早川書房，1997年, pp. 163-165)。

　その他の研究者の論においても，日本的経営の特徴は終身雇用制と年功制であることが共通的に確認できる。企業は終身雇用制を守ることで従業員に職場確保という精神的安心感を与える。また，企業が職能給に勤続年数を加えた年功賃金制を採用することで，従業員が長期に企業に勤める利点を得る。その結果，企業組織部署の上司—部下関係が長期的に維持されることで，従業員全員が温情主義的・共同体意識をもつようになり，従業員は企業への帰属意識とともに企業への貢献意欲を駆り立てられるのである。さらに，長期雇用を前提とするジョブローテーション（従業員に対して計画的，定期的にいくつもの職務を経験させる制度）による職能教育慣行は日本企業独自な共同体意識を高め，企業の技術者養成を担ったのである。まさに，アベグレンの言に従えば，ジョ

ブローテーションは従業員に長期的雇用保証の安心感を与え，従業員の士気や企業への忠誠心の高揚を実現したのである．

では，日本的経営の特徴なるものが，どれほど企業において実践されているのだろうか．市村真一の調査によると，大半の上場企業で実践されていたのは，雇用安定，稟議制，経営理念，小集団活動，人間関係重視，ジョブローテーションであった．他方，集団責任，年功昇進，上下の給与の小較差は実践率が低く，日本的経営の実態としては強調できないとしている（市村真一編『アジアに根づく日本的経営』東洋経済新報社，1988年，pp.5-6）．

以上から確認できる日本的経営の特徴とされるのは，以下の通りである．
（1）終身雇用制
（2）年功制（年功賃金制，年功昇進制）
（3）企業別組合（企業ごとに独立している組合）
（4）集団責任，稟議制
（5）小集団によるQC（品質改善），TQC（総合的品質改善）活動
（6）ジョブローテーション
（7）福利厚生（衣食住の支援，保養施設，診療所・病院の提供，スポーツ・文化活動の支援，等）

Ⅰ－2．日本的経営の特徴
（1）終身雇用制

入社から定年に至るまで同じ企業（関連会社への出向を含む）において就業する．従業員は終身雇用の下で，生活上の不安をもたずに仕事に専念し，企業への帰属意識を高める．ただ，中小企業は，雇用調整を大企業の注文の増減で不断に行なわざる得ず，終身雇用を維持することが難しかった．終身雇用は大企業による雇用慣行にすぎない．

年功昇進や年功賃金と連動しているため，企業内競争の中で敗者意識をもった者は心理的精神的苦痛を抱きつつ，組織に勤めざるをえないことになる．

(2) 年功制

年功制は勤続，学歴，年齢のような固定的評価基準以外に，人的バランス，集団の団結を維持するための相対的評価基準等を含んだ制度である．日本の企業での賃金体系は，これまでは総合決定給を採用している場合が多い．

総合決定給は，学歴，年齢，勤続年数，資格，職務，能力意欲の全要素を考慮した賃金体系である．賃金は，①年齢・勤続年数給相当部分，②職務給相当部分，③職能給相当部分からなる．職務給は職務の難易度，責任の重さ，高度な知識能力を要る仕事，管理的仕事等を評価基準にする．職能給は，職務遂行能力を評価する基準に基づく給与である．

総合決定給は，目標管理，職場改善提案，職能資格制度，能力を発揮した結果としての業績，貢献度，指導性，協調性を評価する人事考課制度と結びついている．3つの部分から構成されている賃金体系は企業ごとに配分比率が異なり，相対的に年齢・勤続年数比率が高いのが一般的である．昇格もある年齢までは一定の役職に就けるように勤続年数ごとに昇進資格試験等が設けられている．これによって，従業員は経済的・職位欲求を確保でき，所属組織への帰属意識を高めることになる．ただし，有能な若手従業員は能力に応じた昇進，昇給が遅いため，実績に対する不満を蓄積することがある．また，昇進の人事考課は上司による判断が大きいため，人事考課の公平性，平等性が問われる．

(3) 企業別組合

企業別労働組合は労働組合構成員が同じ企業の従業員であることから，執行部と一般組合員，経営者（自分たちの仲間から昇進した経営者の場合，仲間の代表者とみられる）と労働組合員の人間関係が円滑に保たれる．労使関係も仲間内の意識の下，比較的友好的に維持され，労使一体感が生まれる．ただし，労使関係が馴れ合いになると，労使関係形成能力といった経営者に必要な管理能力の低下を招きかねない．また，会社に対抗して従業員の生活を守るには限界がある．

第13章　日本的経営の変革と展望

（4）集団責任，稟議制

集団主義責任体制は，従業員の組織の目標を受け入れ易いうえに，仲間意識の醸成や社会的欲求充足が得られる．

稟議制は全会一致の制度である．組織階層の下部から起案され，起案書が順次上の階層に送られて回議され，常務会，取締役会に提出されて決済される．この方式は，各職能組織階層で情報が共有されるために，決定後の実行が迅速である反面，意思決定に時間がかかる．

（5）小集団によるQC，TQC活動

QC，TQCは，品質コストの追求活動である．QC活動は，同じ職場内で品質改善運動を自主的に行なう小集団活動を指す．QC活動の理念は3点ある．①企業の体質改善，発展に寄与する．②人間性を尊重して，生きがいのある明るい職場をつくる．③人の能力を発揮し，無限の可能性を引き出す．QC活動はこれらの経営理念を実践するために，従業員参加の品質改善運動が行なわれ，個人の頑張りを評価する人事考課と結びつけられた．

QC活動の効果をみると，①職場単位を小集団にすることで，従業員の意思疎通を密にし，仲間の協調性を高める．②小集団ごとに生産技術，生産管理面で目標計画を組ませ，その達成過程で創造能力を開発すると同時に，仕事のミスやロスをなくし，集団の一体感を高める．③自己啓発（自己の職務遂行の潜在能力を開発するために，資格を習得したりして自主的努力や活動をする），相互啓発による個人能力の向上や人格育成を図る．また，QC活動を生産レベルから会社全組織に応用したのがTQCである．

（6）ジョブローテーション

ジョブローテーションは一定部署や生産工程担当部署で職能技能を習得し，数年後に別の仕事に回り，順次高度な仕事の技能を習得させるシステムである．この過程で，人事考課試験があるか，職務の遂行成果が昇進速度の尺度になっ

ている場合が多い．

(7) 福利厚生

福利厚生は金銭，衣食住，精神的・心理的・生理的健康に関する企業側からの従業員への援助制度である．日本の福利厚生は，従業員の家族を直接対象にしている．ただし，企業規模により，福利厚生施策の格差が開いている．

以上の日本的経営の特徴は，主として生産現場での労務管理，生産・品質管理を軸に長期的雇用を前提に形成されてきたといえる．

こうした日本的経営が時代に対応して形成され，変革を遂げてきた．現在，企業を巡る環境はこれまで以上に多様化し，日本的経営が形成され強化されてきた時代とは異なる環境要因が生じている．

それは，外国人株主勢力の台頭が著しくなった資本市場，経済・経営の国際基準化，技術・情報の高度化，円高に伴う生産拠点の海外移転と国内産業の空洞化，高齢化社会における社会的コストの負担増といった企業環境である．この企業環境に対して，日本企業がどのように日本的経営を変革するのかを歴史的推移からみてみよう．

Ⅰ－3．日本的経営の形成

労務管理面での日本的経営は戦前から部分的に継続されたまま，戦後の時期に新たな機能を備えて形成されてきた．歴史的には1955年頃が日本的経営の終身雇用制，年功制，企業別組合といった3種の神器が機能的に形成されたといわれる．終身雇用制，年功制は1955年以降の高度経済成長期に定着した日本的経営の中で最も特徴的な慣行であるといわれる．戦前も幾多の工場部門では熟練労働力不足を補填する手段として，安定雇用を維持するために終身雇用が採用されてはいたが，それが全産業企業に普及するのは第2次世界大戦後のことである．

第2次世界大戦後，日本企業はアメリカからの重化学工業技術の導入によっ

て，高度な知識と技術力を有する技術者の絶対的不足から，技術者・技能者を自社に拘束する手段として，また，企業内職能教育を通して自前の技能者を養成する手段として終身雇用・年功制を採用した．ただし，企業は雇用契約上，従業員に定年まで雇用保証を提供している訳ではなく，慣行的に企業が不況期においてもできる限り雇用を維持する努力を通して，従業員の能力を長期にわたって開発するシステムとして終身雇用・年功制を採用してきたのである．

高度経済成長期に企業の事業が拡大するに伴い，労働人口の絶対的不足が深刻化する対策として，企業は従業員に定年までの雇用保証，年功賃金給付，一定年齢までの昇格を与える昇進制度の採用，社宅・独身寮・保養所等の福利厚生の提供によって，従業員に定年まで勤めることの利益を悟らせるように努めた．従業員からすれば，企業に長く勤務するにつれて賃金が増額されることで，定年まで勤めることが利益になることを知る．

このように，終身雇用・年功制は企業と従業員の双方にとっても利益をもたらした慣行であった．企業は事業の拡大化が続く限り，従業員に雇用やポストの提供を保証でき，福利厚生を厚くすることで従業員の企業に対する忠誠心と帰属意識を高めさせ，長期的な人的信頼関係に立った総合的職能訓練を実践できた．総合職部門でも，企業内職能教育では職種間の異動を伴うジョブローテーションによって，技能・ノウハウを職種に限定せずに幅広い形で組み，管理者を段階的に育成した．また，生産現場では工員に対して初歩的技能訓練を施して技能を高めさせ，ひとりで多様な生産部門を担当する能力をもつ「多能工」として育成し，順次高度な作業へ職務を移転させたのである．

そうした生産現場でのOJT ※（on the job training）による熟練の育成制度が組合の協力の下で築かれ，企業の設備投資計画・生産計画に付随する案が下部組織から提案され実践された．下部組織からの提案が組織階層の中で順次決定・調整されることで，日本企業独自な内輪の柔軟性が形成されたといえる．さらに，企業が生産現場で従業員を長期に働かせることで，従業員は企業への帰属意識と仲間同士の心理的絆をもつようになった．

職場の従業員間の精神的結びつきを土台にして，日本企業の生産管理の特徴であるテイアン，カイゼンが実践され，下部組織の意見が上部組織に吸収されて活用されることで生産性向上が実現されたのである．

※ OJT（職場内教育）は職場の上司が部下の能力開発のために，職務を通して職務遂行上必要な知識や技術，問題解決能力を計画的に指導する教育システムである．その狙いは職務を通して創意工夫の知識，技術の習得を行ない，職場の改善に結びつけることにある．

ところが，企業独自な熟練育成は生産現場では実質的には配置転換を困難なものにしてしまった．というのは，技術体系が異なる技能・ノウハウの蓄積の進展は，生産者が既存部門で技術習得にかかった時間やコストを考えれば，生産者を技術進歩の速い他部門へ異動させることが時間的にもコスト的にもマイナスとなるからである．しかも，同一部門でも各企業独自な方法で生産がなされているため，技術者が退社して他企業に移るにしても，その技能・ノウハウが転勤先の企業の生産様式の枠内で満足に機能しえるかが問題となる．それゆえに，日本企業では技術面で技能労働者の離職を止め，質の高い生産の担い手を企業内部で育成する方がコスト面でも効率的であった．

こうした生産・品質管理面でのシステムによって，日本企業は1970年代の2つの石油危機を労使一体化した産業合理化によって乗り切り，1980年代まで独自な終身雇用制，年功制，OJTを基礎とする技能習得の仕組みと生産現場での生産・品質管理システムとによって高い生産性を実現してきたのである．

1980年代になると，日本企業の好調さは第2次石油危機からの経済回復に遅れる外国企業から注目され，外国企業では日本的経営のノウハウを学び，その経営手法を導入する動きがみられるようになる．そのさい，外国企業は日本企業と合弁会社を設立したり，資本・技術提携を通して生産・品質管理を中心にした日本企業の生産方式による競争力の強さに着目した．とくに，注目され

たのは TQC，JIT（just-in-time：必要なときに必要な分だけを生産するシステム．在庫のムダがでないように製品在庫量を適正水準に保ち，作りすぎのムダがでないように部品の製造量を必要最小限化する）である．日本企業は長期的雇用関係を基盤にした OJT による企業独自の職能訓練の成果と生産効率や生産・品質管理とによって生産レベルでの優位を誇った．その成果を吸収しようと，工場レベルでの生産性で劣る米国企業は 1980 年代に日本企業から日本的生産効率や生産・品質管理を学び，日本的経営の優位性である生産・品質管理の手法を生産システムに導入した．しかも，米国企業はコンピュータ・ネットワークを企業組織全体に活用することで生産現場だけではなく商業サービス，事務部門でのスリム化を実現し，生産性を日本企業以上に上げることに成功したのである．

　概して，日本的経営と呼ばれる経営手法は企業内の人材開発，労務・生産・品質管理の手法を活用しつつ，企業間取引関係，株式持合い，メインバンク等による経済システムによって補足されて企業成長を支えてきた．組織的には長期雇用関係に基づく従業員間の信頼関係が築かれ，職場組織では従業員の提案が吸収され，その提案が実践されるまでに組織の上層者に至るまで回議され，集団的意思決定に伴う根回しがなされた．最終的に，その提案は組織一体で実践され，高い生産性が実現されてきたのである．だが，1980 年代末のバブル経済とその後の長い不況は，企業業績の低迷をもたらし，製造分野での生産性優位を実現してきた日本的経営の限界を示すことになった．

　1990 年代以降の日本企業は，バブルの後遺症によって過剰負債，過剰投資，過剰雇用を抱え，経営組織を変革することを迫られた．その変革は，日本企業に 1980 年代の円高で高賃金になってしまった賃金構造の改革と国際基準に合った経営改革を迫った．しかし，日本企業の経営改革のテンポは遅い．それは経営者の意思決定の遅さや，経営責任所在の不明瞭性，経営者に対する監督機関の無機能化といった日本的経営の負の要因によるものであった．いまや，日本的経営の利点が改革の阻害要因になったのである．

というのは，日本企業は長期雇用関係を前提にして独自な職能教育を行ない，生産現場ではテイアン，カイゼンによる生産システムの標準化を進めてきた．その結果，企業独自な生産システムが，企業の枠を越える日常業務の標準化を遅らせ，アウトソーシングを遅らせることになった．また，企業は終身雇用・年功制を優先し，コスト面を犠牲にして企業集団内取引や系列取引を維持してきたことが事業の統廃合を不徹底なものにし，組織改革に遅れることにもなったのである．

そこで，日本企業が日本的経営変革の課題にどう取り組み，経営組織を変革しようとしていくのかをみてみよう．

第2節 日本的経営の課題

2-1. 日本的経営変革の課題——日本的経営の変革対象——

日本的経営は時間をかけて生成されてきた．新しい効率経営が求められる時代に，日本的経営が時代に合ったスタイルに変革を遂げようとしている．日本企業が1980年代まで全般的に成長を遂げてきたのは，以下の要素の組み合わせにあった．

①終身雇用的雇用政策，②年功制による賃金体系と昇進制度，③企業別組合，④合議主義的な意思決定，⑤QCサークル活動，⑥ジョブローテーション，⑦福利厚生施策

こうした日本的経営と呼ばれる制度や施策が日本企業独自な経営システムとみなされた．日本企業は企業内職能訓練によって時間をかけて従業員の能力を開発し，互いに激しく競い合いながら協力して仕事を遂行するような年功制と勤務査定制度，内部昇進制度など長期的な雇用関係を前提に，知識や技術のノウハウを蓄積してきた結果，生産現場での生産・品質改善による高い生産性を実現したのである．日本企業は高い生産性を維持しえる限り，従業員に雇用を保証し，年功賃金体系・年功型昇進制を維持し，組織の和を重んじながら厚い福利厚生を提供することができたのである．

だが，1980年代末のバブルとそのバブル崩壊以後，日本企業はバブルの後遺症による金融業の不良債権処理問題，製造業の過剰設備，不採算事業の統廃合の遅れに伴う過剰雇用といった問題に直面した．それと同時に，日本企業は金融・証券・通信・商業等の部門での規制緩和による外国企業との競争にも直面し，経営の情報公開を外国企業や外国人投資家から要求された．

日本企業を取り巻く環境は，以下の変化を示した．

（1）経済・経営・会計の国際化である．

世界経済を牽引している国の企業として，日本企業は新技術開発や環境問題への対応を国際基準に合わせて行動する義務を負うことを期待される．また，経営成果の評価基準でも国際基準のルール化が求められた．

（2）資本市場の国際化である．

企業間での株式持合いによる資本市場の歪みが，持合い株の解消と外国人株主の増加によって改善されることになる．また，経営者の経営成果責任の明瞭性が市場から求められている．

（3）経営の効率化—少子化・高齢化社会と労働意識の多様化である．

少子化と高齢化社会は福祉，医療，年金といった社会的コストの負担を企業に課している．そのためには，企業はいま以上の高い生産性と資本効率経営を求められる．その効率経営への改革は，トップ経営組織の強化と経営監督機関である取締役会の強化，組織のスリム化，雇用，賃金の見直しまで及ぶ．それは，日本的経営の見直しであった．

以上の企業環境へ対応した日本的経営変革の課題の取り組みを順次みてみよう．

2−2．日本的経営変革の課題──経営・会計基準の国際化──

1990年代に入って，日本企業の経営変革の課題は産業・経済のグローバル化に対応する経営の効率化，倫理的な企業経営行動や国際会計基準への対応の取り組みであった．時価主義会計原則，連結財務対象企業の株式所有基準から

支配基準への変更，キャッシュ・フロー経営による企業財務力の開示は，企業の真の経営成果を国際的にも判断できる基準を提供することにある．そのために，企業経営の成果を国際会計原則基準に合わせるために会計制度の整備がなされたのである．

これまで，日本企業の会計基準の不透明さや会計操作によるごまかしが外国人株主や外国企業から指摘されてきたが，今後，日本企業は会計基準のグローバル化によって経営成果が市場原理で判断されるようになり，経営者の経営責任が国際会計基準の数値で外国企業の経営成果と比較評価されるようになる．これによって，日本の企業は日本的経営として維持してきた終身雇用・年功制，メインバンク制，株式持合い，系列取引関係による高コスト構造を放置するならば，資本効率面で資本市場から厳しい評価が下されかねないことになる．その意味では，会計基準の国際化は，企業に日本的経営の変革を急がせることになったといえる．

では，何が変わったのかをみると，国際会計基準によって企業成果を評価する新たな基準が示された．それは，以下の3点である．

（1）時価主義会計基準である．

連結財務基準での企業評価が2000年3月期に義務づけられ，時価主義会計基準（現在の資産価値での評価）が2001年3月期から採用される．これによって，企業は親会社主体での業績重視からグループ主体の連結企業業績で評価されることになる．

（2）連結対象企業範囲が持株基準から支配力基準（出資比率20％以上，同以下でも役員派遣による経営支配を実質的に行使している企業を対象）へ移行されたことである．

これに伴い，日本の企業が行なってきた赤字企業の連結外し（赤字隠しともいう．親会社が出資比率を低くして親会社の赤字を子会社に押し付ける手法で，親会社の赤字が会計上表面化しない）が禁じられ，連結財務に数えられなかった系列企業数が増えることになり，企業グループの真の実力が明らかにされる．

その結果，企業系列の整理・再編が加速することになり，事業の選択・集中（存続すべき事業と廃止すべき事業の選択や収益を上げる部門への経営資源の集中）が市場原理に沿って進展されることになる．

さらに，有価証券が時価評価に移行されると，持合い株やその他の有価証券（売買目的の有価証券を除く）は株主資本に含まれることになる．その結果，企業の保有株が資本コストを上回る利益を上げているかどうかが資本効率面で厳しく監視され，利益を上げていない株は企業の資産価値を減らす負の資産とみなされ，資本効率を阻害するものとして売却の対象となる．それゆえ，企業は資本コストを上回る利益を確保できない資産を圧縮し，資産効率面でも効率経営への対応を迫られる．

このように，会計基準の時価主義化は企業に保有株を資本効率基準で判断するように迫る．企業収益構造の悪化した企業は，財務面で資産価値を減少させるような持合い株のうち，株価低迷株を放出する動きを加速する．というのは，大量の株式を保有している企業は，株式市場の動向次第で収益の振れが大きくなり，経営的にも不安定になるだけではなく，経営資源を有効に使っていないとして資本市場から厳しい評価（機関投資家がその会社の株を売却することで，その会社の株が大幅に下落し，その会社の株主に損害を与えることになる．あるいは，社債格付け機関による低い評価によって，資金調達が苦しくなる）を受けることになるからである．実際，1900年代になって，企業の資産運用について市場からの圧力が年々増してきており，日本の企業株を大量に保有しているカリフォルニア州公務員退職年金基金（カルパース）は，日本企業のガバナンス指針として株式の相互持合いを減らすことを1998年春に打ち出している（『日本経済新聞』1998年5月11日）．

こうした資本市場の経営成果に対する監視が厳しくなると，株式持合いが負の資産増となる企業には重荷となってくる．そもそも，1970年前後に金融市場の規制緩和の流れの中で，外国企業の乗っ取りから身を守るために株式持合いが急増した．だが，企業集団メンバーや系列企業の経営者は，企業間の株式

持合いを通して純投資目的の個人投資家や機関投資家の利益を軽視し、法人株主間での合意に基づいて配当率を低く抑え、利益の大半を設備投資の資金に振り向けてきた。また、法人株主が大勢を占めると、個人株主への情報公開は遅れ、株式持合いで安定株主を抱える企業経営者は、株主からの厳しい経営執行に対する監視を受けないため、経営成果に対する緊張感に欠けるようになった。1980年代末のバブル期において経営者が暴走したのも、株主からの監視が緩やかであったことにもよった。

だが、1990年代になって、企業や金融機関の株式持合い比率が徐々に低下してきた。その原因は、資金調達手段をもつ大企業が自己金融化を進めてメインバンク離れを加速したことによる。さらに、バブル期に財テクや土地投機に走った企業は、保有資産価値の暴落によって経営危機に陥り、株式を含めた保有資産の売却を始めた。放出された持合い株が企業集団内で買い取られないでグループの枠外へ流通株として放出されると、外国人機関投資家が放出株を購入することで資本市場を活性化させ、株式持合いによって株の流通が固定的になっている資本市場の歪みを是正することにもなる。その意味で、企業には持合い株の解消によって安定株主依存経営から脱して、資本を効率的に活用する経営に移行することが期待される。

さらに、日本企業の効率経営への指向は、資本市場から求められる効率経営基準値となるキャッシュ・フロー重視へ導いた商法改正によっても加速された。

（3）連結キャッシュ・フロー計算書作成が義務づけられたことである。

日本企業におけるキャッシュ・フロー重視経営への移行は、2000年3月期から連結キャッシュ・フロー計算書の作成が義務づけらたことから本格化した。キャッシュ・フローが営業、投資、財務の区分で示されることになる。それは現金を稼ぎ出す能力が企業経営の真の実力を表すものであるという米国流経営基準が、株主重視の経営と表裏一体化して市場で受け入れられることを示す。

キャッシュ・フローは現金や換金性の高い資金の流入・支出を指し、以下の3種類のキャッシュ・フローがある。

① 営業キャッシュ・フローは，純利益に減価償却費を加え，売掛金や棚卸し資産を減らせば営業キャッシュ・フローは拡大する．企業の営業活動で生み出された現金収入である営業キャッシュ・フローは，設備投資，買収，借入金返済，株主への利益配分等の原資になる．
② 投資キャッシュ・フローは，設備投資や出資に対する現金支出である．
③ 財務キャッシュ・フローは，資金調達・返済，配当金，自社株買いなど財務上の資金収支を表す．

営業キャッシュ・フローから投資キャッシュ・フローを差し引いたものをフリーキャッシュ・フロー（純現金収支）と呼ぶ．この純現金収支は現金の出入りでみた純粋な儲け（自由に使用できる自己資金の合計）を示す．

企業がキャッシュ・フローを採用する利点は，利益が会計制度変更などで増減しやすいのに比べて，キャッシュ・フローでは資金の流出入が伴わないため，手元現金資産として増減しないことから企業の収益力を正確に反映する点にある．企業の真の財務力を米国並に資本効率基準で評価しようとしたのが会計基準の改正であった．したがって，2000年度からの市場では，企業がどれだけの純現金を所有しているかが企業業績評価の正確な指標となる．

そこで，キャッシュ・フロー経営でみた企業経営の差異を日米企業の現金配分の比較でみてみよう．日米の同類業種各15社を対象にした営業キャッシュ・フローの使途の比較から日米企業の資本効率をみると（「日本経済新聞」2000年1月19日），米国企業15社の合計は1,272億ドル，その内，利益配当に52％の662億ドル，設備投資に48％の619億ドルであった．これに対し，日本企業15社の営業キャッシュ・フロー合計は6兆9,228億円であった．その内訳は，設備投資に90％の6兆2,360億円，利益配当に7％の5,060億円である．日本企業の利益配当比率は相当低い．

この数値比較から確認できるのは，日本企業は営業キャッシュ・フローのほとんどを設備投資に振り向け，株主への利益配当は米国企業の52％であるのに比べて，日本企業は7％にすぎない．その結果，日本企業は利益配分の資金

が少なく，借入金で配当を行なうケースもみられる．そうした借金での配当は株主資本利益率を低下させ，配当を受け取っても株主利益を損ねることになる．本来ならば，こうした経営は株主から利益を損ねるとして批判を受けるが，日本企業では企業集団や系列企業間での株式持合いによって，株主からの圧力を受けずに株主利益に損失をもたらす経営が是認されてきたのである．

一方，米国企業は業績連動型利益配分を中心とした経営を行なっている．米国企業の経営者は余分な現金を抱えることは余剰資金を狙いとする買収対象となるため，余剰資金を配当や自社株買い（自社株買いは発行株数を減らし，1株当たりの配当を高める）を通して株主に利益返還することを最重点にして，余剰資金を使い切る経営を行なうのが一般的である．こうした経営の背景には，株主によるコーポレート・ガバナンスが機能していることにある．米国企業では株主が企業の資金用途を厳しく監視して，経営者をコントロールしていることをキャッシュ・フローの利益配分比率でみてとれる．

日米企業の営業キャッシュ・フロー使途の差異は，企業利益が誰のものかを明らかにした．今後，日本の企業は外国人株主比率が増加するに伴い，外国人株主から株主利益配分を厚くすることを求められてくると，効率経営への移行を急がされることになる．

効率経営の動きを金融機関と企業関係でみると，企業は商法の改正によって財務情報の開示へと動いた．金融機関側は，貸出先の企業の資産運用の効率性がキャッシュ・フローの数値によって明白に企業評価に直結することから，過剰雇用を優先して低収益事業を多く抱え，株式持合いによる資産価値の減少によって経営自体を弱体化させている企業に対して，事業の統廃合，雇用調整による経営改善と保有株や資産の売却を促す．また，企業側は金融機関が融資基準をキャッシュ・フロー重視になっている傾向にあるため，経営改善によって資産運用を効率化すれば，金融機関から貸出を有利に引き出せるだけではなく，企業成果も高まり株主利益を高める効果を生む．それによって，企業は市場からも評価を受けることになる．それが外国人投資家や一般投資家の資本市場へ

の投資を活性化させ，資本市場の健全性を保持する役割を担うことにもなる．

このような市場環境の変化は，日本企業の経営に資本・金融両面からグローバル基準での株主資本利益重視の効率経営とキャッシュ・フロー基準による資産運用の効率経営への脱皮を促している．企業収益を圧迫している資産価値を暴落させた持合い株の解消もその効率経営を促すことになった．

それでは，日本的経営の変革としての株式持合いの見直しの動きをみてみよう．

2－3．日本的経営変革の課題──資本市場の国際化・株式持合いの見直し──

会計基準の国際化の動きが株式所有面から企業間に株式持合いや企業系列の見直しを迫っている．ことに，株式持合いの変化が日本的経営に変化を与えようとしている．

わが国の銀行によるコーポレート・ガバナンスが形成されたのは，旧財閥企業がGHQの持株会社整理委員会の所有していた旧財閥企業株の放出株を買い取ったことからであった．さらに，1955年からの神武景気において旧財閥企業グループを中心にメインバンクシステムが普及・拡大したことも一因であった．そして，1960年代後半からの資本の自由化や証券不況の中で，経済制度の法制度が修正されて以降，まだ資本力的に弱かった旧財閥系の企業は，企業間で相互に株式を持合いして，外国企業による乗っ取りを阻止しようとして安定株主工作を進めた．さらに，旧財閥企業グループの再結集に対抗して，富士（芙蓉），三和，第一（第一勧銀）の銀行が1970年代前後に企業グループを形成した．ここに，株式持合いとメインバンクによる経営者への監督システムが株式所有構造をもとに定着したのである．高度経済成長期から1980年代までは，メインバンク制が融資先企業の経営に対して厳しい監視機能を果たし，役員派遣や企業再建に貢献してきた点ではそれなりの監督機能が働いていた．

① メインバンクを中心とした株式持合いを推進してきた6大企業集団から，

株式持合いの推移と株式持合いの崩れの意味を考えてみると，企業集団は人的結合としての社長会を介して株式持合いによる安定株主構造を基軸にして結成されている．社長会は法的には何ら拘束力をもつものではないが，メンバー企業の社長候補者の承認は予め社長会の了承を実質的には必要としている．また，資本増資に対する引き受け了承機関としても機能し，メンバー間での共同事業やメンバー企業間での合併は，事前に社長会の了承を得る慣行である．6大企業集団メンバー企業の法人株主代表としての上場企業への役員派遣状況をみると（『週刊東洋経済企業系列総覧2000』東洋経済新報社，1999年12月），以下の派遣人数であった．

図表13－1　6大企業集団間の役員派遣

(1998年度・単位 人)

	役員合計	会長・副会長	社長・頭取	副社長・副頭取
三井系	904	23	79	24
三菱系	836	23	60	16
住友系	693	25	55	26
芙蓉系	983	20	85	26
三和系	1,067	31	87	19
一勧系	1,408	38	117	38

出所）『週刊東洋経済』1999年12月，p.34から引用

6大企業集団メンバーでは，社長会による監督機能が働いていることがわかる．

② 6大企業集団の上場企業への影響力をみると（『前掲』同，p.26），株式持合いによって1998年度に比率を高めたのは芙蓉のみで，他グループは比率を低下させてきている．

6大企業集団は日本経済に占める比率の中で経常利益，純利益を大きく低下させている．三井系は経常利益率では唯一増加を示しているが，オブザーバー参加のトヨタ自動車の好調によるものである．企業集団別保有株時価総額合計

図表 13-2　6大企業集団の株式保有・融資・役員派遣および日本経済に占める経済力

	6集団合計	三井系	三菱系	住友系	芙蓉系	三和系	一勧系
株式保有比率							
1993	25.7	4.3	5.0	4.6	3.7	5.5	3.2
1998	23.7	3.3	5.1	4.3	3.7	4.9	2.8
1998年度社長会		25社	28社	20社	28社	44社	48社
企業の持合い比率		15.82	25.97	20.81	19.41	15.11	12.11
融資比率							
1993	38.2	7.3	7.0	6.4	5.0	7.5	4.6
1998	41.9	6.3	9.1	7.3	5.3	8.4	5.2
1998年度社長会							
企業への融資比率		20.59	19.37	20.43	16.31	18.58	15.29
融資企業数							
1993	6,625	1,263	1,127	1,013	994	1,240	988
1998	7,371	1,214	1,456	1,131	1,096	1,415	1,059
派遣役員数							
1993	4,841	756	771	682	969	1,017	1,324
1998	5,891	904	836	693	983	1,067	1,408
派遣役員／全上場企業数（集団外出身役員）比率							
1993(%)	45.72	7.14	7.28	6.44	9.15	9.61	12.50
1998	52.63	8.08	7.47	6.19	8.78	9.53	12.58
従業員数（除く銀行・保険）／日本経済　比率							
1993	3.79	0.67	0.57	0.33	0.78	0.98	1.16
1998	3.24	0.60	0.49	0.28	0.65	0.85	0.99
総資産／日本経済　比率							
1993	11.89	2.08	1.92	1.16	2.06	2.54	3.38
1998	11.29	2.04	1.85	1.20	1.98	2.42	3.25
資本金／日本経済　比率							
1993	14.91	2.44	2.41	1.67	3.01	3.28	3.82
1998	13.23	2.34	2.10	1.52	2.60	2.92	3.54
売上高／日本経済　比率							
1993	13.27	2.48	2.02	1.59	2.26	2.54	3.85
1998	11.50	2.14	1.81	1.37	1.99	2.31	3.37
経常利益／日本経済　比率							
1993	10.96	2.51	2.14	0.55	1.73	2.85	2.30
1998	9.94	3.79	1.06	0.56	0.67	1.50	1.77
純利益／日本経済　比率							
1993	23.82	7.15	5.98	0.77	3.17	7.53	2.81
1997	11.96	5.78	1.23	0.73	―	2.88	2.80

(1998年　統計が算出されていない)

重複加盟企業の分を調整した数字である．重複加盟企業（石川島播磨，王子製紙，神戸製鋼，太平洋セメント，電気化学，日商岩井，日本製紙，日本通運，日立製作所）『週刊東洋経済』同，p. 26, p. 40 から引用作成

図表 13－3　所有者別株式構成

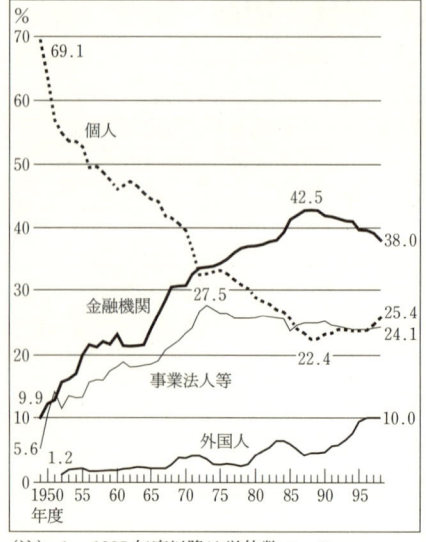

図表 13－4　所有者別持株比率の推移

	持株比率（％）				
	94年度	95年度	96年度	97年度	98年度
金融機関合計	43.47	41.42	41.25	40.16	39.26
同上（除投信）	40.84	39.28	39.30	38.71	38.03
銀行・信託銀行（除く投信・年金信）	22.19	21.62	21.55	20.89	20.67
投資信託	2.62	2.13	1.96	1.45	1.23
年金信託	1.58	1.76	2.33	3.27	3.82
生命保険会社	12.23	11.16	10.94	10.22	9.38
損害保険会社	3.67	3.55	3.44	3.34	3.15
その他	1.14	1.17	1.04	1.00	1.01
事業法人等	23.82	23.61	23.75	24.09	24.14
個人	23.46	23.55	23.59	24.64	25.38
外国人	7.43	9.40	9.80	9.79	10.01

出所）全国証券取引所協議会［株式分布状況調査］

（注）　1．1985年度以降は単位数ベース．
　　　2．金融機関は投資信託を除く．
出所）『週刊東洋経済企業系列総覧2000』1999年12月，p.55

図表 13－5　銀行・事業法人株の持合い比率

（いずれも東証調べ）

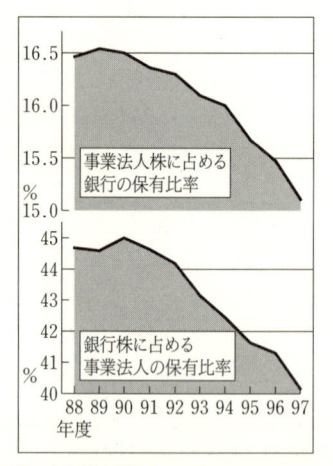

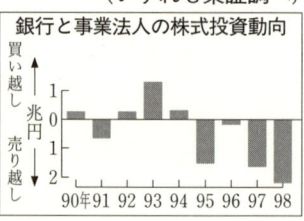

（都長銀・地銀と事業法人の売買代金差額を合計，1996年8月までは信託銀行分を含む）

「日本経済新聞」1998年12月25日

(株価は 1999 年 9 月 30 日終値,『週刊東洋経済』同, p.20) では, 三菱が 12.9 兆円, 興銀・富士・一勧 8.1 兆円, さくら・住友 6.5 兆円, 三和 6.1 兆円である. 株式の時価総額では三菱グループが優良企業を抱えて首位を示した.

③ 株式持合い関係を 6 大企業集団とは別に, 銀行株に占める事業法人の保有比率 (図表 13－3, 4, 5) でみると, 同比率は 1990 年度から低下をみせている. 銀行と事業法人の株式動向では, 1997 年度, 1998 年度において大幅な売り越しを示した. その主因は, 株式持合いの解消である. 上場している事業法人株に占める銀行の保有比率では, 1998 年 3 月末に 15.1 ％, 銀行株に占める事業法人の保有比率は同 40.2 ％まで低下したことからも, 株式持合いの崩れがみられる.

図表 13－6

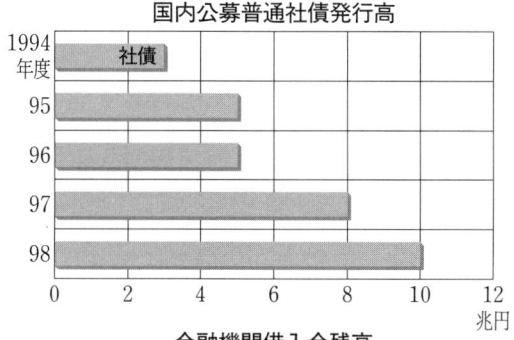

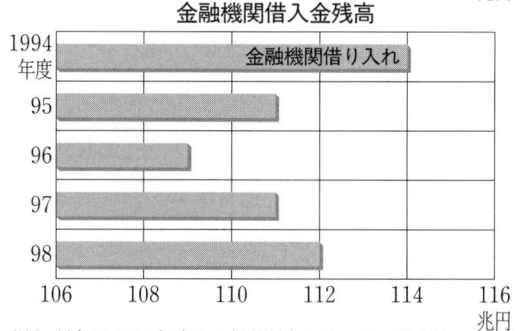

国内公募普通社債発行高

金融機関借入金残高

(注) 対象は 1994 年度から掲載対象となっている会社.
出所)『週刊東洋経済企業系列総覧 2000』1999 年 12 月, p.18

④ 株式持合いを資金調達との関係でみると, 直接金融 (株式, 社債発行によって, 企業が資金を集める方式) としての普通社債による調達資金 (図表 13－6) は通常, 長期資金として設備投資に充当される. 1998 年度の普通社債の発行額は, 10 兆 8,000 億円 (日本経済新聞, 1999 年 3 月 18 日) と過去最高を記録した.

一方, 間接金融 (金融機関からの借入資金を集める方式) をみると, 一般企業

が資金調達を銀行から株式,社債市場へ振り替える動きが加速している.だが,資金調達が多様化しても銀行に対する期待は大きいことには変わりがない.その理由は,銀行からの借入が未だ多額のため,銀行を中心とした融資や株式持合いを通した企業系列は維持される.また,間金融に依存せざるをえない大半の企業は,銀行株低迷の中でも銀行株を保持し,資金調達手段を確保するしかない状況にあるからである.

とはいえ,間接金融から直接金融への資金調達構造の変化は,金融機関が資本市場で保有する企業の株式の選別を強化すると同時に,直接金融を強める企業も金融機関を選別することにもなる.すなわち,株式持合いが企業にとって資産評価で非効率的と判断された場合は,企業は株式持合いを解消し,企業集団や企業系列の見直しを進めることになる.また,金融機関からも成績不振企業の保有株を放出することになる.その株式持合いの見直しを含めた日本企業の持合い放出株が外国人投資家によって大量に購入されていることは,以下の数値で明らかである.

⑤1999年9月末と同年3月末と比較した外国人持株比率をみると(日経300採用銘柄のうち3月本決算企業262社を対象とする.「日本経済新聞」,1999年12月29日),上位10社は以下の順である.

	1999年3月末	同年9月末		1999年3月末	同年9月末
日産自動車	34.3%	48.6%	アマノ	8.0%	22.2%
ゼクセル	20.0%	53.6%	住友電工	7.4%	25.4%
日興証券	9.1%	36.7%	栗田工業	7.3%	37.6%
三井海上	8.5%	31.4%	コムシス	7.1%	20.4%
富士電機	8.1%	21.9%	古河電工	7.0%	21.8%

この数字は,日本企業における外国人持株比率の増加を示す.外国人株主増加が,日本企業にどのように影響するのかをみてみよう.

資本市場から確認すると,外国人投資家(法人と個人合計)の店頭株式市場での売買代金シェアが1998年度において過去最高を記録した(「日本経済新聞」1999年5月5日).東京証券取引所の集計指数(投資主体別売買動向／東京・

大阪・名古屋証券取引所合計）をみると，委託販売代金に占める外国人の比率は1999年3月末で41％になり，はじめて4割台に突入した（図表13－7）．その原因は，日本企業株が資産内容に比して比較的割安感が強いため，日本企業株に注目が注がれ，株式投資の対象となったことによる（「日本経済新聞」1999年4月3日）．

図表13－7　外国人投資家売買代金のシェア

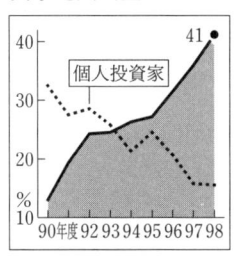

「日本経済新聞」1999年5月9日

進行しつつある企業集団の株式持合いの解消は，外国人株主の急増を促進させた．彼らは株主からの受託者責任を全面に掲げ，運用委託者の利益に反する議案を黙認することはしない．また，日本の生命保険や損害保険といった機関投資家も株主総会で「白紙委任状」から財務内容のチェック，役員の不正，違法な企業活動の是正要求，株主提案等を含め，物いう株主に変身しつつある．日本企業の経営者も外国人株主の台頭を契機に，情報公開，効率経営と株主主権意識（株主利益優先）を自覚するよう変身を遂げるようとしている．そうした日本企業の効率経営への動きは，国際会計基準による財務表示や外国人株主の増加をみせる資本市場からの市場原理に基づく圧力も加わって，株主主権の浸透，法人監査機関の強化，経営者責任の明確化を前提に，株主資本利益率や資産効率を悪化させるような不採算部門の統廃合や過剰雇用の是正を市場から求められた結果である．

2－4．日本的経営変革の課題
　　　　——少子化と高齢化社会・効率経営の組織・雇用・賃金——

　1990年代に入ってバブル経済の崩壊からの脱却を図る日本企業は，グローバルな企業環境に直面し，経営効率への組織改革で対応しようとしている．

　外部環境では，経済のグローバル化としてはWTO（世界貿易機構），ISO（国際標準化機構），国際会計原則などの競争ルール作りが法制化された．それに対応する形で，日本企業は国際ルールにのっとった経営行動を求められる．

内部環境では，人口構成の少子化・高年齢化・若年層の労働意識の変化が企業経営に大きく影響を与えている．少子化と人口構成の高齢化比率の増大は，福祉，医療，年金といった社会的コストの負担を企業に課している．それには，企業はいま以上の高い生産性と資本効率経営を必要とする．

効率経営の改革はトップ経営組織の強化や法人監督機関の強化から組織，雇用，賃金の見直しにいたる範囲に及ぶ．効率経営に向けての組織改革は，以下のことが期待される．

(1) 経営組織の責任の明確化

企業は経営責任者と執行役員を分離し，日常業務は執行役員に任せ，経営戦略は最高経営責任者（CEO），最高財務責任者（CFO）と少数の経営責任者によって担われる体制をとる．取締役会は経営執行業務を厳しく監督するために，外部取締役員比率を高め，人数を大幅に削減する方向に向かっている．これにより，日本の上場企業の大半でみられた内部昇進者からなる取締役会の構成が変更され，代表取締役が取締役の推薦権を掌握して人事をコントロールすることで，取締役会の法人監督機能を無機能化した構図が，改善されることを期待される．

(2) 企業組織改革

① 事業部門での成果主義の厳格的適用がなされる．

組織改革は，事業部やカンパニー制での成果主義（時価主義会計，キャッシュ・フロー）を基準にして，資本コストを下回る事業を統廃合の対象にすることも必要になる．

② OA・情報システム化が企業内外で促進される．

情報技術の活用は事務処理の効率化を実現し，縦割り的な職能組織改革を促進する．情報システムの導入は情報の共有化をもたらし，縦割り的組織が占有している情報の閉鎖性を打破し，横の組織の利害調整役であった中間管理者の

大半を不要にする．また，組織間の意見調整に必要な会議の削減，管理部門のスリム化が実現される．その結果，組織がフラットなネットワーク型編成になり，権限が統括管理者に委譲され迅速な意思決定が行われる．

③ 情報システムの進展は外注化を加速させる．

専門技術者や職場レベルでの情報技術者の不足や日常的な事務処理がアウトソーシングされると，日本的雇用や賃金体系の基準が崩れ，雇用，賃金の見直しが必要となる．大企業は事業部門の統廃合とともに事務部門の外部委託化を加速させ，賃金体系を年功型から能力型へ移行させている．

アウトソーシングによる実施率をみると，労働省が1997年9月に約4,500社を対象にした調査では，従業員1,000人以上の日本企業では8割近くが業務の外部委託を行なっていた（「日本経済新聞」1999年7月21日）．このように，日本企業が外部委託を急速に導入した背景には，企業が過剰投資，過剰雇用，過剰負債を抱え，収益を圧迫させられていたことにあった．また，企業は情報システムの高度化に伴うシステム開発・運営費用の負担が増大し，費用面と技術者不足をカバーする意味で外部委託を加速させた．

(3) 情報化と外部委託化は雇用・賃金体系を変える．

少子化や高齢化の進展，女性の職場進出，若年層の就業意識の変化等を背景に，日本企業は情報ネットワークを導入し，組織改革を行なってきている．それは日本の雇用形態を変容させることにもなった．

企業は長期雇用を前提とする雇用形態から高度な専門的技術をもつ人材には能力主義基準の契約社員，日常業務部門にはパートタイマー，アルバイト，派遣社員等への人材活用を活発化させている．また，組織のフラット化やアウトソーシングの普及とともに，日本企業は年功賃金体系である職能給，職務給に勤続年数や年齢給を加算して給付してきた総合決定給与体系を能力重視や給与総額を抑制する年俸制へと変更してきている．

確かに，高齢化が進行する成熟市場社会では賃金コストが高いにもかかわら

ず，収益の増大が見込まれない状況では年齢別賃金格差を低める必要がある．しかし，大企業で導入されている極端な成果主義的賃金体系は，将来賃金に対する従業員の期待に背くだけではなく，職場の従業員間の協力さえ破綻させ，組織を非効率なものにしてしまいかねない．

加護野忠男は，その危うさを指摘した．大企業が報酬制度・管理職年俸制のような実績主義が導入された結果，日本企業の最大の財産である「コツコツと生真面目に仕事することの大切さを認識した社員」が減少し，「短期的な思考のもとで目先の出世や昇給を勝ち取ろうとする社員」ばかりが増加してしまったことによって，日本企業は自覚症状のない競争力を失っていったのである（加護野忠男『日本型経営の復権』PHP研究所　1997年，pp. 311-312）．

加護野は1990年代からの日本的経営システムの機能不全の根源には，効率性の意識の強まりに比例した若年勤労者の労働意識の変化が生じてきたのではないのかと指摘する．それゆえ，日本企業が効率主義に傾斜を強めつつも，長年の慣習である長期的視野に立つ人材育成の長所を一概に非効率的と捨て去ることは難しい．人材育成コストは，長期的には組織的協調性の効率からみると，実は低コストであるメリットを考慮する必要がある．

第3節　日本的経営の展望

日本的経営を巡る企業環境は，これまで日本企業の成長を支えていた経営システムの機能では対応できない企業枠を越えたグローバル・スタンダードでの競争原理，情報技術の発展に伴う世界的規模での市場拡大とビジネスチャンスの同時化をもたらした．

国内生産管理を軸に機能していた日本的経営は，生産管理においても外国の多国籍企業による合理的システムに対抗するために国際的水平分業を進め，世界中から最適価格で最良部品を供給するような，最少投資で最大効果をもたらすシステムを構築しようと努めている．だが，それは国内の系列企業関係を崩すことになりつつある．市場では激しい製品標準化競争とその競争の勝者にな

るための専門技術者の国境を越えた採用方法や企業の合従連衡が一般化してきた．しかも，少子化・高齢化社会に直面する日本企業の経営は，一層高い生産性を実現する努力が求められる．これからは日本的経営も，企業経営者には外国企業の総合経営力（資本，技術，マーケティング，管理，戦略といった経営全体の能力）に対応する経営能力と，従業員には自分の実力を発揮する場が与えられる組織作りに沿った変革を迫られている．

　市場は資本効率面から，企業に日本的経営を支えてきた企業間の長期的取引，系列関係，メインバンク制の見直し，高コスト構造の年功賃金体系の改革，終身雇用制の見直し，事業組織のスリム化を求めている．それは日本的経営の変革の課題であった．個々の企業は日本的経営の課題を取り組むことで日本的経営の展望を探ろうとしている．

　問題は市場原理に沿った経営者の責任の明確さと株主や取締役による経営者への監督機能の実行にある．その上で，日本的経営において作り上げた「和」の組織に個人の能力をいかに取り入れるかにあるといえる．ここに，新世紀を迎える日本企業の効率経営へ向けての従来の慣習の利点と改革のバランスがある．

参考文献
工藤達男・佐久間信夫・出見世信之『現代経営における企業理論』学文社，1997年
伊藤元重・加護野忠男・伊丹敬之『日本の企業システム』1・2・3　有斐閣，1993年
加護野忠男『日本型経営の復権』PHP研究所，1997年
飯田史彦『日本的経営の論点』PHP新書，1998年
橋本寿朗『日本企業システムの戦後史』東京大学出版会，1996年

索　引

あ　行

アウトソーシング ……………205
アブセンティズム ………………66
アベグレン，J. C. ……………181
安定株主 ………………194, 198
EPRG プロファイル ……………135
意思決定
　──のルール ………………98
　経営者の── ………………91
　戦略的── …………………92
移動組立 …………………………56
岩田龍子 …………………………181
OEM ………………………175-176
オーウチ …………………………182
OA・情報システム化 …………204
OJT ……………………………188

か　行

外国人投資家 ……………………202
外部環境 …………………………203
会社の発生 ………………………3
階層化 ……………………………43
科学的管理法 ……………………50
加護野忠男 ………………………206
株式会社 …………………………6
株式相互持合い …………………180
株式分割払込制度 ………………4
株主総会 …………………………13
監査役 ……………………………16
間接金融 …………………………201
カンパニー制 ……………………77
管理階層 …………………………42
管理過程論 ………………………53
管理的職能 ………………………53
管理の諸機能 ……………………46

機関 ………………………………12
企業環境 …………………………96
企業系列 …………………………202
企業行動パターン ………88, 90, 91
企業集団 ………………………9, 180
企業別組合 …………180-181, 184
機能別部門組織 …………………71
基本戦略 …………………………125
キャッシュ・フロー ……………194
QC（品質改善運動） …………180
　小集団による──活動 ………185
共益権 ……………………………12
競争優位性 ………………………108
協働システム ……………………65
グループ・ダイナミクス ………59
グローバル・ロジスティックス
　………………………132, 171, 174
経営管理 …………………………45
経営資源 …………………………93
経営者支配 ………………………20
経営責任者 ………………………204
経営戦略
　全社レベルの── ……………117
　狭義の── ……………………97
　広義の── ……………………92
経営戦略策定のプロセス ………96
経営の効率化 ……………………191
経営目標 …………………………97
経営理念 …………………………94
計画化 ……………………………46
計画と執行の分離 ………………52
経験曲線 …………………………102
系列 ………………………………8
現地調達比率 ………………169-170

コア・コンピタンス …………112
合資会社 ……………………6
高賃金低労務費 ……………52
行動科学 ……………………59
合名会社 ……………………5
国際化戦略 …………………119
コスト集中 …………………126
コスト・リーダーシップ …126
コッツ，D. M. ………………24
ゴードン，R. A. ……………22
コーポレート・ガバナンス …196-197
コンツェルン …………………8

さ 行

サービス・スタッフ ………44
財閥 …………………………7
差別化 ………………………127
　──集中 …………………127
差別的賃率出来高給 ………52
3種の神器 …………………181
自益権 ………………………12
JIT …………………………189
時価主義会計基準 …………192
時間研究 ……………………50
事業の選択・集中 …………193
事業部制組織
　………71, 150, 151, 154-155, 161
　──構造 …………………146
事業領域 ……………………117
　──別（競争）戦略 ……118
指揮 …………………………46
執行役員 ……………………43
シナジー効果 ………………102
社会的・倫理的戦略 ………119
社団 …………………………2
社長会 ………………………198
社内分社 ……………………77
社内ベンチャー ……………76

習熟曲線 ……………………102
終身雇用制 …………180-181, 183
集団主義 ……………………181
集団責任 ……………………185
受託経営職能 ………………42
主要部門経営職能 …………42
証券民主化 …………………29
小集団主義 …………………180
昇進制度 ……………………190
情報的経営資源 ……………93
ジョブローテーション ……182, 185
所有者（金融）支配 ………20
自律性の管理 ………………64
自律的作業集団 ……………67
垂直的拡大 …………………42
水平的拡大 …………………41
スタッフ機能 ………………41
ストップフォード＝ウェルズ
　………145-149, 154-156, 158-159
成長マトリックス …………122
製品のライフサイクル ……174
製品ポートフォリオ管理 …103
ゼネラル・スタッフ ………44
全般経営職能 ………………42
全般的品質改善運動 ………180
戦略意図 ……………………113
戦略事業単位 ………………118
総合決定給 …………………184
創発的戦略 …………………114
組織
　SBU── ………………72
　集権的── …………147, 149
　職能── …………………51
　──化 ……………………46
　──構造 …………………38
　──的怠業 ………………50
　分権的── ………………151

索引 211

ライン―― ……………………44
ライン・スタッフ―― ………44

た 行

TQC …………………………180
　小集団による――活動 ……185
代表取締役 ……………………14
多角化 …………………………101
タックス・ヘイブン（租税回避地）
　………………………………172
長期取引関係 …………………180
調和 ……………………………47
直接金融 ………………………201
動機づけ理論 …………………61
統制 ……………………………47
統制の範囲の原則 ……………148
トップ・マネジメント …42, 109
ドメイン ………………………117
取締役（会） …………14, 43, 204

な 行

内部環境 ………………………204
成り行き管理 …………………49
NUMMI ………………………68
日本的経営 ……………………180
2要因理論 ……………………63
人間関係論 ……………………59
年功制 …………………180, 183
ノック・ダウン方式 …………169

は 行

配置 ……………………………46
パットマン報告書 ……………23
バーノン, R. ……………133, 140
ハーマン, E. S. ………………26
バーリ, A. A.＝ミーンズ, G. C.…20
パールミュッター, H. V.
　………………133, 135, 137, 170
反自律的作業集団 ……………67
PIMS …………………………106

非公式システム ………………65
ビジョン ………………………94
PPM …………………………103
　――管理 ……………………73
品質改善運動 …………………180
フォード・システム ………54, 55
福利厚生 …………………181, 186
ブランバーグ, P. H. …………23
プロジェクト・チーム ………74
プロダクト・ライフ・サイクル
　………………………140, 143
分業 ……………………………38
　――のメリット ……………39
分社化 …………………………82
奉仕の精神 ……………………55
法人 ……………………………2
ホーソン実験 …………………57
ポジショニング ………………107

ま 行

マトリックス …………………147
マトリックス組織
　………74, 159, 161-164, 166
ミドル・マネジメント ………42
命令一元化の原則 ……………159
メインバンク ………………34, 180

や 行

有限会社 ………………………6
欲求階層理論 …………………61

ら 行

ライン職能 ……………………41
リーダーシップ・スタイル …60
稟議制 …………………………185
臨時国民経済委員会報告 ……22
連結財務基準 …………………192
ローアー・マネジメント ……42
ローカル・コンテンツ ……169-170
6大企業集団 …………………197

編著者紹介

佐久間　信夫（さくま　のぶお）

1982年　明治大学大学院商学研究科博士課程修了
現　職　創価大学経営学部教授
専　攻　経営学，企業論

主要著書
『経営管理基礎論』日本評論社　1986年（共著），『現代の経営学』学文社　1991年（共著），『現代経営学の基本課題』文眞堂　1993年（共著），『現代企業論』八千代出版　1994年（共著），『現代株式会社と経営財務』文眞堂　1995年（共著），『企業集団研究の方法』文眞堂　1996年（共編著），『現代経営における企業理論』学文社　1997年（共著），『企業集団支配とコーポレート・ガバナンス』文眞堂　1998年（共編著），『現代経営学』学文社　1998年（編著），『多元的経営環境と経営教育』学文社　1999年（共著），『現代社会の経営学』学文社　1999年（共著），『企業集団と企業結合の国際比較』文眞堂　2000年（共編著）など

新世紀の経営学	2000年 8月10日　第一版第一刷発行
	2002年10月30日　第一版第二刷発行

編著者　佐　久　間　信　夫
発行所　㈱　学　文　社
発行者　田　中　千　津　子
　　　東京都目黒区下目黒 3-6-1 〒 153-0064
　　　電話 03（3715）1501 振替 00130-9-98842
　　　落丁，乱丁本は，本社にてお取替え致します。
　　　定価は売上カード，カバーに表示してあります。検印省略
　　　ISBN4-7620-0977-6　印刷／亨有堂印刷㈱